한국어로 내려온
New Bible

새로운
성 경

제17권

2부 | 총10부

하얀마음

하나님 말씀 중에서

1. 사랑의 하나님

- 세상을 창조하신 하나님은 모두를 사랑하신다. 인간만 특별히 더 사랑하지 않고, 우주 만물을 다 똑같이 사랑하신다. 그러니 하나님이 창조하신 천지 만물과 화친하고, 미물까지도 소중히 대하라.

- 하나님은 특정 종파나 민족만을 더 사랑하지 않으신다. 자기 자신만 구원받겠다는 욕심을 버리고, 자기 종파만 구원받는다는 편협한 교리에서 벗어나야 한다. 종파를 초월해서, 모두를 사랑하라.

- 원수까지 사랑하라 했으니, 이 세상에 사랑하지 못할 자가 누가 있겠는가? 종파가 다르다고 해서 부모 형제와 원수처럼 지내는 자는 인간의 근본을 모르는 자다. 가장 가까운 가족부터 사랑할 때 남도 진심으로 사랑할 수 있다.

- 한 사람을 원수같이 생각하던 마음에서 사랑하는 마음으로 돌리면, 자기 자신의 마음이 가장 기쁘고 행복하다. 하나님께서는 인간의 마음속에 무거움이 없이 기쁘고 행복한 삶을 살기를 바라신다.

- 이웃을 "내 몸처럼" 사랑하라 했으니, 마지막 한 장 남은 천국의 티켓도 이웃에게 양보하라. 자기 중심적인 신앙에서 벗어나서 남을 위해 살아야 한다.

- 독초도, 약초도, 이단도 사탄도 천사도 다 필요하기에 존재한다. 독초일지라도 극소량을 사용해서 생명을 살릴 수 있고, 약초라 하더라도 남용하면 생명을 잃을 수 있다.

- 세상 모든 것을 명약으로 활용하는 것은 인간의 지혜에 달렸다. 어떤 것이든 어떤 사람이든 적재적소에 꼭 필요한 명약으로 승화시키라.

- 사탄도 이단도 천사도 모두 하나님의 주관하에 존재한다. 진정한 하나님의 백성은 사탄과 마귀까지도 감화시켜서 천사로 거듭나게 한다.

2. 기도

- 하나님은 인간의 생각까지 모두를 다 알고 계신다. 우리의 소원도 이미 알고 계시기에, 소원의 기도를 할 필요가 없다. 우리가 받을 자격이 되면 내려 주신다.

- 죄를 짓고 아무리 회개를 해도 용서받지 못한다. 도둑질한 자는 용서해 달라고 기도하고, 도둑맞은 자는 도둑을 잡게 해 달라고 기도하면, 공의의 하나님은 누구의 편에 서시겠는가?

- 자기가 잘못한 것은 그 사람에게 직접 갚고 용서를 구하라. 그가 용서하면 하나님도 용서하신다. 땅에서 매면 하늘에서도 매이고, 땅에서 풀리면 하늘에서도 풀리는 이치다.

- "회당에서 기도하지 말고 골방에서 기도하라" 했다. 눈에 보이는 골방이 아니라, 골방과 같이 고요한 마음이다. 잡념을 버리고 하나님을 향해 마음을 집중하며, 사랑하고 용서하는 아름다운 생각만 나오도록 하라.

- "두드리면 열릴 것이다." 하는 것은 육의 소원을 위해 두드리라는 것이 아니라, 진리의 깨달음을 얻기 위해 두드리라는 것이다.

- 기도하는 방법: 생활 속에서 수시로 기도하는 삶을 살아야 한다.

- "저의 죄를 용서하여 주옵소서." 하는 회개의 기도를 하라.
- 범사에 "하나님! 감사합니다." 하라. 현재 가진 것에 감사하며, 과욕하지 말라. 자기 노력 이상의 것을 더 갖고자 기도하는 것은 도둑놈심보다. 공의의 하나님은 각자 노력한 만큼 주신다.
- "하나님 뜻대로 살아가겠나이다." 하며 마음의 각오를 다지라.

- 기도는 하나님의 말씀을 받아서 "행하는 것"이다. 하나님이 계심을 굳건히 믿고, 하늘을 향하여 한 점 부끄럼 없이 사는 삶 자체가 가장 위대한 기도이며, 삶이 곧 예배다.

3. 지도자

- 똑같이 사랑한다는 말을 해도, 순수하게 하는 말은 천사의 말이지만, 사기 쳐서 재산을 가로채려고 하는 말은 사탄의 말이다.

- 종교 지도자가 아무리 훌륭한 설교를 해도, 신도의 재물을 거둬서 더 큰 교회를 짓고 자기의 부귀영화를 바라며 설교하면 사탄의 가르침이 된다.

- "저희 교회는 만원사례요, 믿음은 다 같으니 이웃의 개척 교회에 가서 예배를 드리시오." 하며, 이웃 교회의 부흥을 먼저 생각하여 제 신도를 보내는 종교 지도자가 있다면 그를 따르라. 그가 하나님의 사랑을 실천하는 자다.

- "부자가 천국에 들어가는 것은 낙타가 바늘구멍을 통과하는 것보다 더 힘들다" 하였거늘, 지금의 교회에서는 부자가 되기만을 기도하고 소원하니, 이는 곧 천국을 포기하고 지옥 행 열차의 티켓을 사는 것과 같다.

- 예수는 빈손이었다. 종교 지도자가 예수보다 더 호화롭고 편안하게 살아간다면 잘못된 것이다. 부귀영화와 명예를 바라는 자는 절대로 갈 수 없는 좁고 협착한 길이 종교 지도자의 길이다.

- 종교 지도자는 유리로 비춰 봐 한 점의 부끄러움이 없이 살아야 한다. 의식주도 직접 일해서 해결하고, 예수의 가르침과 행함을 그대로 따라야 한다.

- 종말은 없다. 지금의 잘못 가는 종교 집단에게만 종말이 있다. 보이지 않는 하나님은 보이는 육의 종말은 관여하지 않으신다. 환경 파괴로 인간이 스스로 멸망을 자초하는 것이다. 종파끼리 싸우기 전에, 무너진 인성을 바로잡고 지구의 몸살을 해결하는 데 뜻을 모으는 게 급선무다.

4. 성전이란

- 이 세상 자체가 하나님께서 만드신 성전이다. 자연보다 더 아름다운 성전이 있는가? 보이는 건물이 성전이 아니라, 성스러운 마음가짐이 성전이다

- 반석 위에 교회를 지으라 했다. 지상의 단단한 돌은 인간이 쪼갤 수 있으나, 마음속의 굳은 결의는 세상 무엇으로도 쪼갤 수 없다. 바르고 굳건한 믿음으로 성경의 가르침을 실천하는 것이 마음의 반석 위에 교회를 짓는 것이다.

- 손으로 지은 건물의 교회에 모여서 복음을 전하는 것이 아니라, 교회를 개인과 가정에 심어 주어야 한다. 무너지고 부서지는 건물을 짓지 말고, 마음속에 영원히 불변하는 참진리의 교회를 지으라.

5. 십계명

- 십계명은 인간이 죽어서 반드시 통과해야만 하는 열 개의 관문이다.
  - 부모를 공경하지 아니한 자는 "네 부모를 공경하라." 하는 제5계명의 관문이 열리지 않으니 구원받을 수 없다.
  - 살인, 간음, 거짓, 우상 등의 나머지 계명도 마찬가지다.
- 십계명은 하나님의 친필이다. 모기소리만 한 하나님의 음성이라도 들어 보겠다고 여기저기 찾아 헤매지 말고, 십계명부터 암송하고 지키라.
- 십계명은 영혼을 구원하는 양식이며, 십계명을 지키는 것이 구원을 받는 길이다. 인간이기에 지키고자 노력하고 또 노력한다면 지킬 수 있다.
- 십계명을 지키고 천사처럼 아름답게 살아가는 그 마음 하나면 세상에 이루어지지 않는 것이 없다.

6. 보물

- 하나님은 재물이 아니라 우리의 마음을 받으신다. 사랑을 실천하며 천사처럼 변하는 마음이 하나님께 바치는 보물이다.
- 보이지 않는 하나님께 재물을 바치려 하지 말고, 너희를 길러 준 부모에게 용돈 드리고, 찾아뵙고, 효성을 다하라. 그것이 하나님께 효도하는 것이다.
- 하늘에는 선과 악의 창고가 있다. 자기 창고에 선이 많으면 천국으로 구원을 받고, 악이 많으면 심판받아 지옥으로 간다. 그것이 바로 "선한 일을 행한 자는 생명의 부활로, 악한 일을 행한 자는 심판의 부활로" 나오는 것이다.
- "선악과를 따먹지 말라"는 것은 양심을 지키라는 것이다. 선과 악을 구분할 수 있는 양심을 최초에 인간에게 주셨다. 선한 열매는 취하고, 악한 열매는 버리며, 양심에 비추어 부끄럼 없는 삶을 살아가라.
- 가장 작은 거짓말을 하지 않고, 가장 작은 죄를 짓지 않으며, 가장 작은 선행을 하고, 가장 작은 악행을 멀리하는 것이 율법의 일점 일획도 빠뜨리지 말고 다 지키는 삶을 사는 것이다.

7. 우상

- 박물관에 있는 불상은 하나의 예술품이다. 그 조각품에 대고 제 소원을 빌 때 우상숭배가 된다. 십자가라 하여도 그 앞에서 소원을 빈다면 우상숭배하는 것이며, 하나님께 소원을 빈다면 하나님을 우상으로 전락시키는 것이다.

- 지금 기복신앙에 젖어 있는 모든 사람이 우상 앞에 절을 하고 있다. 조각품을 우상이라며 파괴하지 말고, 네 마음속에 있는 욕심의 우상을 무너트리라.

- 생수를 약초가 먹으면 약을 만들고 독사가 먹으면 독을 만든다. 같은 성경을 봐도 선한 지도자는 신도를 천사로 만드는 데 활용한다. 그러나 욕심이 가득한 지도자는 재물을 거두어들여 제가 부귀영화를 누리는 데 악용한다. 그가 바로 성경을 우상숭배의 도구로 전락시키는 거짓 선지자다.

- 성경을 한 획도 빼거나 더하지 말라는 것은, 그 가르침을 빠트리지 말고 온전히 지키라는 것이다. 성경 속에서 자기에게 유리한 구절만 보는 것은, 자기에게 불리한 구절들을 빼 버리는 것이다. 믿음이 제일이요, 행함은 구원과는 관계없다는 것은 자신에게 유리한 쪽으로 성경을 악용하는 것이다.

- 진정한 종교 지도자는 종파에 관계없이 어떤 종파든 어떤 책이든 접하고 보고 깨우쳐 견문을 넓히도록 인도한다. 참진리를 모르고 자신이 없는 자가 남을 이단이라며 배척하고, 신도들의 눈과 귀를 가린다.

8. 예수

- 예수의 재림은 없다. 예수가 다시 온다 해도, 과연 누가 그를 예수라고 믿겠는가? 예수와 같은 삶의 행함이 곧 예수의 재림이다. 각자 모두가 "재림 예수"가 되는, 차원 높은 믿음으로 가야 한다.

- 예수는 "주여 주여 하지 말고, 아버지의 뜻대로 행하라"고 했다. 예수가 전한 하나님의 뜻이 곧 "길이요, 진리요, 생명"이며, 그 가르침이 예수의 보혈처럼 소중한 것이다. 예수를 믿는 것은, 예수의 가르침을 믿고 따르는 것이다.

- 예수는 낮은 자로서 만백성을 섬기고자 했다. 만나는 모든 사람을 다 하나님이라 생각하라. 돈을 벌수록 겸손하고, 높은 지위를 얻을수록 낮아지라.

▪ 예수는 종파를 만들지 않았다. 인간이 만든 종교와 인간의 교리를 따르지 말고, 예수를 통해 전한 하나님의 참진리를 연구하고 따르라.

▪ 예수가 2천 년 전에 만백성을 위해 죽었으니, 지금 이 땅에는 예수의 가르침대로 사는 천사만 존재해야 한다. 예수가 죽어 가면서 바란 것은 만백성이 천사가 되어 예수의 자리를 채워 주는 것이지, 지금과 같이 재물을 바치면서 중언부언 제 소원만을 비는 백성들을 바란 것이 아니다.

9. 구원

▪ 천사가 사는 천국에는 천사만 갈 수 있으니, 천사 같은 마음을 길러야 한다

- "천국 열쇠를 네게 주리니 땅에서 무엇이든지 매면 하늘에서도 매일 것이라" 했다. 땅에서 천사같이 사는 자가 하늘에서도 천사가 되어 천국에 들어간다. 모든 사람에게 천사같다는 말을 듣는 삶을 살아야 한다.

▪ 천사의 곱고 아름다운 마음은 부모를 공경하고 어른을 어른으로 대접하는 데에서 출발한다. 효도하는 자는 형제와 화목하게 지내기에 가정이 화목해지고, 이웃과 화목해지고, 국가가 화목해지고, 온 인류가 화목해진다.

- 그러므로 지상의 아름다운 소왕국은 가정에서부터 이루어야 한다.

▪ 선택된 14만 명만 구원받는 것이 아니라, 천사처럼 변하고자 하는 14만 명을 기초로 온 인류가 천사처럼 거듭나는 영적인 개혁이 시작되는 것이다.

▪ 천 년에 걸쳐서 하늘에서 이루어진 것같이 이 세상을 낙원으로 만들어, 만백성이 지상의 천국에서 살다가 죽어서 그대로 하늘의 천국으로 들어가는, 영원한 지상 낙원을 건설하는 것이 하나님의 계획이다.

- **이것이 구약과 신약에 이어 "새로운 성경"으로 역사하시는 하나님의 창조의 완성이다.**

▪ 지금의 믿음으로 구원받을 수 있다면 그 길을 가라. 그러나 자신이 없다면 하나님께서 직접 내리신 160권의 "새로운 성경"을 읽고 구원의 길을 보라!

하나님 머리말씀

이 새로운 성경을 읽는 너희 모두는
이 율법에 따라 행하면 영원히 구원받을 것이니라.

너희 인간이 수년, 수십 년, 평생
성서를 공부하고 기도하는 것은
하늘나라 나의 곁으로 오고 싶은 소망일진대,

몇천 년 전의 너희 인성과 생각이
지금의 너희와는 판이하게 다르니,

꺾여 가고 병들어 가는 너희를 고칠 수 있는 길은,
오늘 내가 선지자에게 내리는 새로운 성경과 같이
너희가 변화되는 것뿐이니라.

나의 예수가 태어난 것처럼
내가 아들 선지자를 선택하여
나의 새로운 성경을 온 세계에 전하고자 하니,

묵은 것은 버리고 새로운 것은 취하여,
너희 모두는
'여호와 하나님! 저의 죄를 용서하여 주옵소서.'
하는 기도문으로 기도하고, 죄를 뉘우치라.

이 새로운 성경은
수천 년간 내려온 성서를 요약한 것이니,
너희는 이 책을 정독하여 쉽게 깨달음을 얻고,
이대로 실천하여 하늘에 오르라.

대역자 머리말

■ 하나님의 율법을 지키는 선지자로 선택을 받도다.

저는 남들처럼 그저 열심히 살아온 평범한 사람이었습니다. 그러나 50대 중반에 사업에 실패하여 많은 부채에 시달렸으며, 건강도 악화되어 눈이 잘 안 보이고, 걷기도 어렵고, 두통이 심해서 잠을 이룰 수 없는 고통의 나날을 보냈습니다. 그때 제가 선택할 수 있는 것은 육의 삶을 끝내는 길뿐이었습니다.

죽기 직전에 그동안에 죄를 지은 이들에게 용서를 빌고 인생을 끝내기로 작정하였습니다. 어려서부터 지은 죄를 빌고 빌다 보니 끝이 없었고, 죽음으로도 그 많은 죄를 용서받을 길이 없다는 생각에 하염없이 눈물이 흘렀습니다. 그 순간 '재래식 화장실의 구더기는 죄를 짓지 않는데, 나는 인간으로서 구더기만도 못한 삶을 살았구나.' 하는 생각이 들면서 괴로움에 몸부림칠 때, 갑자기 하나님의 음성이 들렸습니다.

나는 여호와 하나님이니라. 너는 십계명을 암송하고 내가 내려 주는 메시지를 받아 책으로 만들어 만백성을 구하라." 하시며, 제 눈을 손으로 문지르게 하시고, 아픈 머리와 다리를 손으로 두드리게 하셨습니다. 그러고 나니 눈도 잘 보이고 걸을 수 있었으며 머리의 통증도 말끔히 낫게 되었습니다. 그때부터 십계명을 암송하고 나면 들려주시는 말씀을 기록하였고, 1999년 8월부터 2004년 7월까지 권당 288쪽, 총 160권을 받아서 "새로운 성경"이라는 책으로 펴내게 되었습니다.

그러한 저에게 죽기보다도 힘든 길이 시작되었습니다. 모든 교인들이 저에게 사탄이요, 이단이요, 악마요, 마지막 시대에 온 거짓 선지자라 하면서 공격하였고, 저를 짐승을 보듯이 대하는가 하면, 편협한 종교 지도자들의 선동으로 신도들이 이 책을 직접 읽어 보고 평가할 기회마저 막아 버렸습니다. 그래서 하나님의 말씀을 세상에 내는 데 많은 어려움을 겪으며, 피를 토하는 심정으로 책을 전하고 있습니다.

그러나 아무리 인간의 힘으로 막으려 해도, 하나님의 뜻이 세상에 전해지는 위대한 역사는 계속될 것입니다. 책으로 전해지는 "하나님의 말씀"은 세상 끝날까지 항상 우리와 함께하실 것입니다. 사람은 죽어도, 책에 기록된 말씀은 영원히 남으니까요.

■ 따뜻한 실천

하나님께서는 어려운 사람들에게 삶의 터전을 마련해 주고, 미래를 열어 주는 것을 기뻐하십니다. 어려운 이웃이 스스로 자립할 수 있도록 이끌어 주는 것이 진정으로 이웃을 돕는 것이라고 말씀하셨습니다. 그래서 일자리가 없는 제자들에게 작은 사업장을 만들어 주는 "달란트 사업"을 하고 있습니다. 식당, 반찬 가게 등을 차려 주고, 기존의 어려운 사업장이 자립할 수 있도록 돕고 있습니다(커피숍, 미용실, 의상실 등).

하나님께서는 교회에 나와서 모든 시간과 재물을 쏟기를 원하지 않으시고, 그 시간과 재물을 교육에 투자하여 스스로 미래를 열어 가기를 원하십니다. 그래서 제때 공부하지 못한 제자들에게 학업을 이어 가도록 하였습니다. 중화요리 주방장을 하며 초등학교 검정고시부터 공부하여 2012년에 방통대를 졸업한 36세 남성, 만학도들의 2년제 중학교에 입학해서 2007년에 명지대학을 졸업한 38세 여성, 중학교 검정고시를 시작으로 숭의여자대학을 졸업한 47세 여성 등이 있습니다. 그밖에도 많은 제자들에게 나이를 초월하여 배우고 깨우쳐서 사회 속의 당당한 일원이 되도록 인도하고 있습니다.

학자금 대출로 힘겨워하는 젊은이들을 위해 "따뜻한 바람 장학회"를 발족하여(2016년 12월) 대출받은 학자금 전액을 매월 갚아 주고 있습니다. 또한, 다문화 가정을 위해 "다문화 가족 랜드"를 조성하여, 각종 시설을 무료로 활용하도록 하고 있습니다.

이러한 따뜻한 실천이 아직은 미약합니다. 그러나 책의 수입이 늘고, 저와 뜻을 같이하는 분들이 늘어나면 계속 확대할 것입니다. 지도자로서 신도의 재물을 헌금으로 거둬들여 착복하는 것이 아니라, 하나님께서 기뻐하시는 일에 사용하도록 중매 역할만 하며 살아가고자 합니다. 이런 제가 과연 사탄이고 이단인가요? 하나님께서 기뻐하시는 일이라면, 저에게 사탄이라 하든 거짓 선지자라 하든 굽히지 않고 실천해 나갈 것입니다.

끝으로, 일상의 삶 속에서 "지금 내가 하는 행동이 과연 하나님께서 기뻐하실까, 슬퍼하실까?" 생각하고, 매사에 하나님께서 기뻐하시는 길을 택하기 바랍니다. 교회에 모여서 집단적으로 예배 드리는 것이 아니라, 개인이나 가정 단위로 새로운 성경을 읽어 스스로 깨우치고 그대로 행하면 충분합니다. 그것이 마음속에 성전을 짓고, 신령과 진정으로 예배 드리는 길입니다. 그러면 천국의 문에 들어서게 됩니다.

2017. 2. 1.

하나님 말씀 대역자 김용철

차 례

십 계 명

이 책은 십계명을 암송하고 나면 내려 주시는 "하나님의 음성"을 듣고 그대로 받아쓴 기록입니다. 하나님께서 십계명을 모세에게 내려 주셨지만, 그것은 만백성에게 내려 주신 것입니다. 마찬가지로 이 책의 모든 말씀도 저에게 내려 주셨지만, 만백성 각자에게 들려주시는 말씀입니다. 여러분도 이 책을 접할 때마다 십계명을 암송하고 나서 정독해 주시기 바랍니다.

제일은, 너는 나 외에는 다른 신들을 네게 있게 말지니라.

제이는, 너를 위하여 새긴 우상을 만들지 말고, 또 위로 하늘에 있는 것이나, 아래로 땅에 있는 것이나, 땅 아래 물 속에 있는 것의 아무 형상이든지 만들지 말며, 그것들에게 절하지 말며, 그것들을 섬기지 말라.

제삼은, 너는 너의 하나님 여호와의 이름을 망령되이 일컫지 말라.

제사는, 안식일을 기억하여 거룩히 지키라.

제오는, 네 부모를 공경하라.

제육은, 살인하지 말지니라.

제칠은, 간음하지 말지니라.

제팔은, 도적질하지 말지니라.

제구는, 네 이웃에 대하여 거짓 증거하지 말지니라.

제십은, 네 이웃의 집을 탐내지 말지니라.

나 여호와가 존재함을 믿는 그 자체가 구원의 길에 들어서는 기본이요, 근본이며, 나의 새로운 성경을 가슴에 안고 정독하는 자, 반석 위에 서서 하늘에 오르는 찬란한 빛을 보게 되는 영광을 얻게 됨이니라. 진정 나를 따르고 믿는 자는 감히 사탄이나 마귀도 근접하지 못하느니라.

〈하나님 말씀〉

2001년 5월

1,333 번째 하나님 말씀

2001년 5월 3일 05시 55분

1 사랑하는 선지자야!
2 "네, 여호와 하나님! 말씀하옵소서."
3 어제 온 손님에게 네가 할 수 있는 말
을 잘하였느니라.
4 네가 지금 존재하고 있는 이 동방의
나라가, 이 민족과 이 백성이 우선 편
안하고 안정되어야만 지구상의 그 많
은 인종과 나의 피조물 만백성이 선택
된 민족이라 하여 바라보게 됨이니,
5 모세가 이끌어 홍해를 건넜던 그 민족
이 나에게 선택된 자들이라 하여 너희
들이 지금 그들이 가는 것을 항상 기
억하고 있듯이,
6 나의 선지자가 태어난 이 강산의 이
민족이 또한 선택된 민족이라고 나의
피조물 만백성이 인정하며 그를 따를
수 있게 하려면 네가 있는 이 민족이,
이 백성들이 편안해야 할 것이니라.
7 그리하여 너와 같이 태어난 이 주변의
백성들이 선택된 자라 하여 수십억 나
의 피조물 만백성이 인정하고 그를 보
고 따르고자 하도록 할 수 있는 것은
우선 네가 속해 있는 나라에 편안함이
있어야 할 것이니,
8 그 백성이 편안하게 갈 수 있는 길은
내가 너에게 일렀듯이 '김영삼'이라
하는 자가 가지고 있는 사상과 그가
가지고 있는 깨우침을 다음 민족 지도
자가 따라야 되며 그 말을 믿어야 하
기 때문이니,
9 그리하여 그가 지칭하는 자가 이 민족
의 지도자가 된다 함을 내가 너에게
말한 뜻이 여기에 있음이니라.
10 그리하여 어제 너를 찾아온 자를 내가
보냈으니 그가 귀한 손님이요,
11 그가 사람을 하나 추천하게 될 것이
니, 그로 하여금 힘을 발휘하게 하여
너와 같이 생존하고 있는 이 동산의
백성들의 안위를 먼저 구하게 될 것이
며,
12 그리하여 네가 같이 존재하고 있는 이
동산의 민족이, 이 백성이 나로부터
선택된 자라 하는 것을 모든 나의 피
조물들이 느끼게 되게 하고자 함이니,
13 이를 비밀리에 할 것이며, 이를 관계
된 자 외에는 말하지 말며, 나의 뜻이
여기에 있음을 알며 또 그리되어 감을
알라.

1,334 번째 하나님 말씀

2001년 5월 4일 07시

1 사랑하는 선지자야!
2 "네, 여호와 하나님! 말씀하옵소서."
3 너의 제자들 또한 상을 받을 자는 받
을 것이며, 나의 법전을 가슴에 안고
정독하여 깨우친 자들 또한 그들대로
구원의 은혜를 받을 것이니, 너는 너
무 성급히 생각하지 말라.
4 마음을 비우는 것은 자기 자신을 다
태우는 그와 같은 자세였을 때 마음을

비웠다 말하였으니,
5 자식에 대해 연연하는 마음, 모든 인
간관계에 가깝고 먼 사람들을 차등을
두는 마음, 그 마음은 사랑이 아니며,
마음이 비어 있음이 아니며, 만백성을
구하는 자로 지목된 자의 자세가 아니
니,
6 천륜과 인륜을 내가 너희들에게 끊으
라는 것이 아니라, 나 여호와의 뜻에
따라 만백성을 구하는 자, 마음가짐이
소중하며 손에 쥐여지는 것이 다 똑
같다는 말이니,
7 그와 같은 굳건한 마음과 모두를 다
기억 속에서 지울 수 있는 그 마음만
이 하얀 마음이라 내가 일컬어 가르치
고자 함이니라.
8 너희 자식에게 더 입히고 싶고 더 좋
은 것을 주고 싶고 더 많은 것을 주고
싶으며, 너희들 말에 '눈에 넣어도 아
프지 않은 것이 자식'이라 하니,
9 너희들의 그 사랑하는 마음을 내가 버
리라 함이 아니라, 너희 육신의 자식
을 눈에 넣는 것이 아프지 아니한 그
마음보다 더 열배 백배 깊은 그 마음
이 너희들의 마음을 비움이니,
10 만백성을 구하는 자가 그와 같은 마음
에 연연하면 남을 사랑할 수 없고 이
웃을 사랑할 수 없으며 이웃의 고통과
어려움을 볼 수 없기 때문이니라.
11 그와 같은 너희들의 마음을 버리라 함
이 아니라, 너희들이 세상을 보는 눈
을 모두 다 평등한 마음으로 보라 함
이니라.
12 너희는 육신의 관계에 맺어진 형제요,
부모요, 자식이기 전에 나로부터 받은
다 같은 형제이기 때문이며,
13 너희들이 백 년을 살지 못하는 그 육
신의 인연의 관계와, 너희들이 말하는
전지전능한 나 여호와가 만든 너희들
의 그 형제와의 우애의 정 가운데, 어
느 쪽이 더 위대하며 더 두터우며 더
사랑하는 마음과 나눔의 마음을 갖고
살아야 된다 생각하느냐?
14 너희들 말대로 이 세상을 창조한 나
여호와요, 모두는 나의 피조물이요,
나의 백성이니,
15 나의 백성 중에서 인간의 뿌리를 내린
그 가지를 갖고 그곳에는 모두를 다
바치고 모든 정성을 다 들여 관계를
갖고자 하나,
16 내가 만든 너희는 다 같은 형제이거
늘, 그 형제의 우애의 정은 과연 어디
에 있느냐?
17 내가 만든 나의 피조물 만백성은 다
같은 형제이거늘, 너희는 형제간에 시
기하고 질투하고 살인하고 미워하며,
형제간에 죽이고 살리며 형제의 것을
탐하고 형제를 밀어내고 형제를 넘어
뜨리며 형제를 욕하고 비방하는 그와
같은 것을 어찌 그리도 모르고,
18 작은 하나의 관계인 너와 너의 자식과
의 일 대 일인 그 사랑에는 모두를 다
바치면서 나 여호와가 만든 너희들의
그 형제의 정에는 어찌하여 그리도 인
색하여 나의 마음을 이리도 울리는가?
19 너희 부모들이 자식이 우애하지 못하
며 사랑하지 못하는 것을 보면 마음이
아프듯이,
20 전지전능한 나 여호와가 만들어 세상
에 내보낸 나의 피조물, 나의 자식들

이 형제간에 물고 뜯고 험악한 싸움
속에서 화목하지 못하다 하면, 너희들
의 어버이인 나 여호와의 마음이 얼마
나 아프며 내 가슴이 저려 오겠는가를
너희들은 생각해 봐야 할 것이니라.
21 너희들의 자식과 부모 사이에는 서로
세상에 유명을 달리하면 모든 끈이 끊
어지나, 이와 같이 깊고 넓은, 내가 만
든 나의 피조물 너희들의 형제의 관계
는 영원히 끊어지지 아니하며 변할 수
없음이니라.
22 영원히 변하지 않는 너희 형제들의 그
우애에는 인색하기 그지없는 것이 지
금의 너희들의 삶이니라.
23 이 점을 깊이 깨우쳐 주라, 선지자야!

1,335 번째 하나님 말씀

2001년 5월 5일 06시 45분

1 사랑하는 선지자야!
2 "네, 여호와 하나님! 말씀하옵소서."
3 만백성을 구원하는 보배와 같은 나의
법전이 나의 성전에 그득히 쌓이고 있
음이니, 이는 힘을 실어 줌이니라.
4 나의 선지자요, 나의 종 너를 내가 50
에 늦둥이로 둔 인간사의 자식과 같이
사랑한다 함을 이제야 알겠느냐?
5 네가 너의 제자들과 더불어 나의 음성
과 나의 성령의 이 뜻을 받아 기록하
는 것과 같이, 아무리 믿음이 깊다 하
며 저희들이 나를 믿는다 하여도 그를
시행하는 자 이 세상에 없을 것이며,
나의 피조물 만백성 누구도 나의 이
뜻을 그리 실행하는 자 없음이니라.
6 너는 생수를 담는 너의 그릇에 기름이
묻지 아니하였기에 그대로 나의 뜻에
따라 순종하기 시작하였으나,
7 저희 나름대로 믿음을 가진 자나 생수
를 담을 항아리에 기름이 묻은 자들은
이와 같이 법전을 만들어 세상에 전하
라 하여도 저희들의 계산에 의하여 이
를 시행하지 아니함이니라.
8 그리하여 내가 기름 묻지 않은 생수를
담는 나의 깨끗한 그릇에 나의 메시지
를 내렸다 말을 하였으며,
9 그를 듣고 그대로 실행하여 나의 성전
에 그와 같은 법전을 그득히 쌓아 만
백성을 구하는 보약으로서 세상에 나
갈 수 있도록 만든 너와 너의 제자들
을 내가 사랑함이요,
10 얼마나 내가 너희들을 사랑하면 하늘
에 오르는 그 좁고도 어려운 길에, 너
희들의 이름을 에덴동산에 걸었다 하
였겠느냐?
11 너희들이 열여섯 권의 법전을 세상에
내놓는 그 대업을 수행할 것을 내가
알고 있었음이니, 이제는 내가 왜 미
리 너와 너의 제자들의 이름을 에덴동
산에 걸어 주었는지 그를 너희들이 알
것이니라.
12 열여섯 권의 법전이 세상에 나올 때,
너희들이 어떠한 죄를 지었다 하여도
그를 세상에 낸 그 공보다 더한 죄가
없을 것이니, 내가 너희들의 모든 악
에서 면죄부를 내릴 것이니,
13 그렇다 하여 너희들이 오만해서는 아
니 됨이니라.
14 면죄부를 받은 자, 어찌 처신해야 되
겠는가?
15 열여섯 권이 나올 때 너희들의 모든

죄를 면제해 주니, 너희들은 앞으로
진정 천사와 같이 살아야 될 것이며,
16 세상의 모든 은혜와 은총과 영광이 너
희들에게 있을 것이니 그리 알라.
17 내가 너의 제자요, 나의 종인 그들을
사랑하며, 열여섯 권의 법전이 세상에
나와 너희들의 모든 구름을 다 걷을
것이니 그리 알라.

1,336 번째 하나님 말씀

2001년 5월 6일 07시

1 사랑하는 선지자야!
2 "네, 여호와 하나님! 말씀하옵소서."
3 이 세상 모든 것이 다 변화되고 나의
피조물 만백성이 종말을 고한다 해도
만백성을 구하기 위한 법전이 존재함
을 깨달으라.
4 구약과 신약을 덮으며 만백성의 근본
이 되는 것을 너희가 깨닫지 못하나,
5 지금의 젊은이들은 실질적이며 현실
적인 것이 무엇인가 하여 지금의 믿음
의 형태를 선택하지 않음을 너희들은
아니,
6 '하나님 말씀'이라 하여 나의 법전을
그들은 선택할 것을 너희는 알라.

1,337 번째 하나님 말씀

2001년 5월 7일 07시 15분

1 내 사랑하는 선지자야!
2 "네, 여호와 하나님! 말씀하옵소서."
3 갈 길은 멀고도 멀며 험난하니라.
4 네 주변에 변화되는 것이 태풍이 몰아
치는 것과 같이 무서우리만큼 변화되
어 갈 것이니,
5 태풍이 몰아칠 때 견딜 수 있는 만반
의 준비가 되어 있지 않은 동식물은
그 생명을 잃게 됨이니, 그에 대한 준
비를 철저히 하는 자만이 존재하며 살
아남음이니라.
6 비바람이 부는 태풍보다도 더 무서운
생각을 하고 계획을 하며, 남을 쓰러
뜨리고자 하고 남의 약점을 캐고자 하
는 그 수많은 태풍이 불어닥칠 때,
7 그를 이기고 견딜 수 있는 능력이 얼
마나 굳어져야만 되는 것인가를 너는
알아야 할 것이니라.
8 생각하면서 불어닥치는 그 태풍을 네
가 견딜 수 있는 만반의 준비를 하지
아니하면 나의 뜻 모두가 수포로 돌아
감이니,
9 이건 인간 너희들의 그 간악한 머리의
생각 때문이니라.
10 이를 명심하여 행동하도록 그리하라.

1,338 번째 하나님 말씀

2001년 5월 8일 07시 20분

1 사랑하는 선지자야!
2 "네, 여호와 하나님! 말씀하옵소서."
3 너를 따르는 제자들과 나의 법전을 읽
고 깨우쳐 오는 만백성에게 이르라.
4 나의 성전을 찾으며 나의 법전을 읽는
그 머릿속에 무엇인가를 얻을 것이며,
무엇인가를 구할 것이며, 무엇인가 기
적이라는 것을 얻고자 하는 마음으로
법전을 읽는 자는 깨우침이 없을 것이
며,
5 너희들 또한 그와 같은 마음으로 기도

를 드린다 하면 그 기도 소리는 나하
고는 아무런 관계가 없음을 깨우쳐 주
도록 하라.
6 무엇인가 바라는 마음으로, 무엇인가
를 얻고자 하는 마음으로, 거래하고자
하는 마음으로 나에게 기도하며 나의
선지자를 찾으며 나의 성전에 오는
자, 그는 아무것도 얻을 수 없음이니
라.
7 모든 것을 얻고 못 얻으며, 기적을 보
고 못 보며, 구원을 받고 못 받고 하는
것은 다 너희들의 마음에 달렸음이니,
8 너희들 말에 이러한 말이 있느니라.
9 급할 때의 마음은 세상을 다 줄 것같
이 말하나, 그 급하며 고통스러움이
지나고 나면 '내가 언제 그랬더냐?' 하
는 그와 같은 마음을 갖고 사는 것이
나의 피조물 만백성이니,
10 그러한 심성을 가진 자가 나의 법전
수만 권을 전하며 나의 선지자를 위하
여 많은 재물을, 능력을 나의 선지자
에게 갖다 도와준다 해도, 그는 나와
는 관계가 없으며 선지자와도 관계가
없음이니라.
11 너희들 마음이 순수하고 아름다워야
할 것이니라.
12 천사가 되어 하늘에 오르는 것은 무게
가 없으며 중량이 없음이니,
13 아무리 급하고 어려운 상황에 있다 하
여도 그를 원하지 아니하며,
14 하얀 마음으로써 너희가 존재하며, 이
법전이 나의 성령으로 기록된 것이며
나의 만백성을 구하는 길이라 너희들
이 깨달아 순수하고 아름다운 마음으
로 나의 선지자를 따르며 나의 선지자
를 돕는 자, 그는 기적을 얻을 것이니
라.
15 순수하지 아니하며 만분의 일이라도
거래를 하고자 하는 마음이 있다 하
면, 그는 어떠한 공로를 세운다 하여
도 정녕 하늘에 오르는 길을 볼 수 없
고 나로부터 기적을 얻을 수 없으며
나로부터 은혜를 얻을 수 없음이니,
16 너의 제자들 또한 그와 같은 마음을
비움이 우선일 것이며,
17 너의 제자들의 마음부터 네가 먼저 그
들에게 하나하나 물어 이를 일깨워 주
어야 할 것이니라.
18 거래하고자 하는 마음은 마음을 비움
이 아니니라.
19 너희들이 소원을 하고 나에게 무엇을
얻고 이루고자 내 앞에 기도하며 나에
게 경배하는 것은 그 뜻을 이루고자
함이니, 나와 거래하고자 함이니라.
20 그 뜻이 이루어졌을 때 너희들의 마음
은 오늘의 그 비는 마음, 기도하는 마
음과 다를 것이니,
21 나에게 소원함이 없어도 같은 마음을
갖고 나에게 기도하며 나를 경배하는
자만이 기적을 이룰 수 있음이니라.

1,339 번째 하나님 말씀

2001년 5월 9일 07시 25분

1 사랑하는 선지자야!
2 "네, 여호와 하나님! 말씀하옵소서."
3 너희들은 나의 아들 예수가 세상에 나
가 만백성을 구하기 위하여 걸어온 길
에 십자가에 못 박혀 피 흘리며 고통
속에 숨을 거두는 그 형상은 생각을

하지만,
4 그가 만백성을 구하기 위하여 설법을
하며 설교를 할 때, 또 그가 그와 같이
핍박을 받아 형장의 이슬로 사라지는
그와 같은 형국에 이르기까지 그에게
돌팔매질하는 자, 그에게 침 뱉는 자,
그에게 욕하는 자, 그는 나의 아들이
아니라 비방하는 자 수없이 있었음이
니,
5 너희들이 생각하고 상상할 수 없는 어
렵고 험난한 길을 그는 계속 선택하여
걸어오다 하나밖에 없는 그 목숨까지
도 처참하리만큼 참혹하게 던져 나의
피조물 만백성을 일깨우고자 하였음
이니라.
6 네가 나의 성령을 네 가슴에 받아 열
여섯 권의 법전을 만들어 세상에 내보
내는 이 대업이 그보다 못한 일이 아
니니,
7 너의 시련과 너의 그 고통은 나의 아
들 예수가 겪고 인내한 것의 10분의 1
도 되지 못함을 너는 항상 염두에 둬
야 될 것이며,
8 그러한 나의 아들이 그와 같은 어렵고
힘든 길을 가며 인내했던 아픔과 고통
을 항상 머릿속에 지우지 말고 항상
생각하며 오늘을 인내하면 내가 너를
인도할 것이니라.
9 내가 이 성전을 네가 지키도록 내가
너에게 준 선물이라 하였거늘, 너는
어찌하여 이 성전의 문을 닫으려고만
하는가?
10 이는 내가 너에게 내린 선물이니라.
11 기쁘고 즐거운 마음으로써 이를 사용
하며, 나에게 감사하는 마음 외에 딴
생각을 하지 말라, 선지자야!
12 그리고 예수가, 나의 아들이 나의 피
조물 만백성을 위하여 십자가에 못 박
혀 숨을 거두는 그 이전의 고통이 너
보다 열배 더한 시련의 길을 걸어왔음
을 너는 알아야 할 것이니,
13 그 못지않은 대명을 수행하는 너로서,
바람결에 흔들리는 네가 되지 말라.
14 나의 사랑하는 선지자야,
15 네 몸속에는 특수한 피가 흐르고 있으
며, 네 몸속에는 너를 항상 감싸고 있
는 나 여호와의 성령이 있음이니, 이
를 항상 기억하여 네가 행동하도록 그
리하라.

1,340 번째 하나님 말씀

2001년 5월 10일 06시 50분

1 사랑하는 선지자야!
2 "네, 여호와 하나님! 말씀하옵소서."
3 나의 피조물 만백성이 어찌 이리 사악
해졌는가?
4 남이 저희를 위해서 백만 원이라는 그
많은 지폐 다발을 쓰는 것은 하나도
아깝지 아니하며 감사한 줄을 모르면
서, 저는 만 원이라는 너희들이 쓰는
지폐 한 장을 남을 위하여 내놓지 아
니하며 쓰지 아니하고,
5 남의 것은 백배 천배를 써도 아깝지
아니하며 소중한 줄 모르면서, 제 것
은 천 분의 일을 써도 소중하며 그를
쓰지 아니하며 봉사하지 아니하는 이
와 같은 심성을 가진 것이 지금 나의
피조물 만백성이니,
6 그 마음을 버리지 아니하고 나에게 오

르고자 기도한들 무엇하며 저희들이
소원한들 무엇하겠는가?
7 제 것이 소중하면 남의 것도 소중함을
아는 그 마음이 당연한 이치가 아니
며, 그리 행하고 사는 것이 인간의 도
리가 아닌가?
8 사랑하는 선지자야!
9 "네, 여호와 하나님! 말씀하옵소서."
10 나의 피조물 만백성 너희들이 죽어 이
곳에 와 받는 벌의 그 형태가 너무 가
혹하고 불쌍하여,
11 너희들을 깨우쳐 하늘에 오르게 하고
자 하여, 나의 아들 예수가 고통의 길
을 가는 그 고난의 길에 수없이 눈물
로 드린 그 기도를 들어주지 아니하며
그를 그와 같은 시련의 고통에 넣었으
니,
12 그리하고도 이리 너희들의 사악한 모
습을 보니, 내가 너에게 이르기를 '나
의 아들 예수와 나 여호와를 너희들이
어찌 그리 울리는가?' 하는 구절을 내
가 너에게 말하였음이니,
13 천사와 같이 살아야 하는 것이 나의
피조물 만백성 너희들의 근본이거늘,
그 근본을 떠나 너희들이 그리도 사악
한 마음으로 변하여 가고 있음이니,
14 이를 너는 어찌 다스려야 한다 생각하
느냐?
15 아무리 천금 같은 말로써 너희들을 깨
우친다 하여도 너희들은 들으면 잊어
버리고 그를 기억하고자 아니 하며,
16 밥 먹기 전에 생각한 것을 밥 수저를
놓으면서 잊어버리는 것이 너희들의
생각이요,
17 더욱이 선하고 아름답게 살아가는 일
은 더 너희들이 기억하지 아니하고 잊
어버림이니,
18 이를 깨우치는 것은 글로써 남기는 그
길밖에 없지 아니한가?
19 그리하여 나의 열여섯 권으로써 나의
피조물 만백성을 구하기 위하여 이 주
옥같은 나의 성령을 남기나,
20 저희들이 가지고 있는 욕심의 근원,
남의 것은 백 개, 천 개도 아깝지 아니
하며, 제 것은 하나도 내놓지 못하는
그와 같은 심성을 가지고 나의 법전을
대하는 자는 이를 깨우칠 수 없으며,
21 그들이 이를 사탄이요, 이단이요, 마
귀의 장난이라 하며 칼 들고 너에게
대들고자 하니,
22 너희들은 알아야 될 것이니라, 자기
것보다 남의 것이 더 소중하며 자기
것이 아까우면 남의 것도 소중하다는
것을.
23 그러기에 나누며 사는 마음의 기본이
라도 가져야 할 것이니,
24 이와 같은 유한 마음으로 다스리는 것
이 급선무이니라, 선지자야!
25 또한, 그리 사악하기에 그들을 구하고
자 나의 성령을 너를 통하여 이리 전
하니,
26 오늘의 어렵고 힘든 네 마음을, 십자
가에 못 박혀 죽은 예수의 그 고통을
생각하며, 육신의 형태를 가진 나의
아들 예수가 만백성을 구하고자 그리
죽어 간 그 거룩한 죽음을 너는 항상
기억해야 할 것이니라.
27 사랑하는 선지자야, 너 또한 그리 살
아가야 할 것이며 그리 생각해야 할
것이니라.

28 내가 존재함을 믿기에 단두대에 목을
던진 자가 있으며 생명을 바치며 생명
을 던진 자들이 있으며,
29 또한, 나의 아들 예수도 나의 뜻에 따
라 만백성을 구하고자 그 참혹한 모습
으로 죽어 갔음이니,
30 그의 수고스러움과 그의 고충과 그의
고통과 그가 죽어 가야 하는 그 모두
의 형상을 너는 소중히 기억하여야 될
것이니라.
31 그리고 그보다 열배 백배 더한 마음으
로써 너와 너의 제자들은 나의 법전에
있는 내용을 지키며, 한 점의 부끄러
움이 없는 삶을 살아 하늘에 오르도록
하여야 할 것이니라.
32 순교자들의 죽음이요, 나의 아들 예수
의 그 고통 그 모두를 값지게 생각하
며, 그와 같은 마음으로 네가 살아가
야 할 것이니라.
33 내가 너에게 일렀느니라, 순교자 그가
살았다 하면 그가 나의 십계명을 지키
지 아니하며 나의 율법을 지키지 아니
하며 나의 뜻을 지키지 아니하였겠느
냐 내가 너에게 물어봤음이니라.
34 그들은 나로부터 성령을 받은 것도 아
니며 나로부터 만백성을 구하기 위한
나의 메시지를 받아 기록하여 책으로
낸 적도 없음이니,
35 네가 그들보다 열배 백배 더 굳고 확
고한 의지를 가지고 나의 피조물 만백
성을 구하여야 할 것이니,
36 너와 너의 제자들이 어찌 마음을 갖고
행동을 해야 하는 것인가를 너희들은
오늘 다시 깨우쳐 너희 것으로 만들어
야 할 것이니,
37 이를 항상 잊지 말며 행동하도록 그리
가르치라.

1,341 번째 하나님 말씀

2001년 5월 11일 06시 30분

1 사랑하는 선지자야!
2 "네, 여호와 하나님! 말씀하옵소서."
3 너희들이 하늘에 오르는 길을 보며 믿
음이 진정 무엇이며 나에게 오르는 길
이 무엇인가 하는 것을 깨닫는 길은,
4 나의 아들 예수가 시련과 고통의 길을
걷고 인내하고 간 것처럼, 그 고통 속
에서 시련을, 그보다 더한 시련과 고
통을 겪는 자만이 하늘에 오르는 그
참뜻을 깨우치게 됨이니,
5 죽음 앞에서 내가 존재함을 부인하지
아니하는 그와 같은 역경 속에서만이
정녕 내가 존재함을 알며, 나에 대한
믿음이 무엇이며 하늘에 오르는 길이
무엇인가를 깨우침이니,
6 시련과 역경 속에서 깨달음이 있음이
니라.
7 그러나 나의 열여섯 권의 법전을 기록
하며 나의 법전을 읽고 들은 너와 너
의 제자들은 그러한 시련을 몸소 체험
하지 아니하여도 너희 스스로 다스려
나가는 경지에 올라 있어야 할 것이니,
8 나의 열여섯 권을 기록하고 탐독하며
나로부터 성령으로써 받아쓴 네가 예
수가 겪은 그 시련의 고통 못지않게
깨우침과 실행함이요, 행동함이 없다
하면,
9 그다음에 너희들을 깨우치는 방법은
무엇이 있겠는가?

10 그것은 고통과 시련뿐이니라.
11 정녕 너희들이 고통과 시련 속에서 진
정한 깨우침을 얻을 것인가, 그렇지
아니하다면 너희들이 나의 법전을 읽
고 그 속에서 내가 깨우쳐 시행하라
한 그대로 실천하며 나로부터 은혜와
은총을 받을 수 있는 기회를 가질 것
인가?
12 이는 너희들의 선택이니라.
13 "여호와 하나님!
14 저에게 시련과 고통을 주옵소서.
15 그 시련과 고통 속에 제가 흔들리지
아니하며, 하늘에 여호와 하나님, 아
버님이 계심을 저버리지 아니하는 그
와 같은 제가 되도록 시련과 고통을
주옵소서."

1,342 번째 하나님 말씀

2001년 5월 12일 07시 40분

1 사랑하는 선지자야!
2 "네, 여호와 하나님! 말씀하옵소서."
3 너희들이 살아감에 있어서 '적반하장'
이라는 말이 있느니라.
4 남에게 뒤집어씌우는 형국이니, 지금
의 모든 종교 지도자들이 저희들이 사
탄의 짓을 하면서 너를 보고 사탄이라
말하니, 이 통탄할 일을 어찌해야 되
겠는가?
5 네가 무거운 짐을 지고 가는데 그 짐
이 비바람에 의하여 쓰러져 넘어지는
것을 바로잡아 주겠다고 대드는 자들
이 너에게 무엇인가를 요구하고 금화
와 은화를 달라 요구하여,
6 네가 그런 부정한 방법으로 그 짐을
바로잡고자 아니 한다 하니,
7 그들은 돌아서서 말하기를, '저자가
우리에게 금화와 은화를 준다고 하여
우리가 거래를 하지 아니하고 손을 떼
었다.' 그리 말하는 그와 같은 형국이
이루어지는 것이 지금의 네가 당해야
하는 입장이니라.
8 지금의 믿음의 길을 가고 있는 자들이
저희들의 잘못 가고 있음을 인식하지
아니하며,
9 저희는 쓰러져 가는 너의 짐을 잡아
주겠다고 갔으나 네가 이걸 잡아 주면
돈을 준다 하여 그러한 자와 거래하기
싫어 바로잡아 주지 아니하였다고 사
람들에게 외치는 형국이 되는 것이니
라.
10 그러나 선지자야 들으라.
11 세상에 그러한 법도가 어디에 있더냐?
12 바로잡아 주고자 온 그들에게 네가 금
화와 은화를 줄 테니 잡아 달라 말을
하겠는가?
13 그들이 와서 말하기를, '네가 곤경에
빠져 있으니 우리가 너의 이 짐을 바
로잡아 줄 것이니 금화와 은화를 내놓
으라.' 하는 것이 당연히 그럴 수 있으
며, 그리했을 것이라는 것을 알고 깨
우치는 자가 나의 피조물 만백성 중에
있을 것이니라.
14 그러나 '쓰러져 가는 짐을 바로잡아
주면 금화와 은화를 줄 것이니 나의
짐을 좀 바로잡아 주시오.' 하며 네가
소리를 지를 수도 있으나,
15 많은 사람들이 다 와서 간단히 그 짐
을 잡아 주겠다고 벌떼처럼 대들었을
때, 너는 그들에게 금화와 은화를 주

겠다는 말을 아니 할 것이며, 누구도
그러한 금화를 주겠다는 거래를 아니
할 것이니라.
16 쓰러져 가는 그 짐을 아무도 바라보지
아니하고 잡아 주지 아니할 때, 인정
으로써 그와 같은 짐을 바로 세울 수
없을 때, 너희들은 금화와 은화를 주
어서라도 그를 바로잡고자 할 것이며
도와 달라 말할 것이니라.
17 돕겠다고 스스로 수백 명이 온 중에
그런 말을 하겠는가?
18 그 무리들이 와서 말할 수 있느니라.
19 우두머리가, '우리가 그 짐을 바로잡
아 주되, 네가 금화와 은화의 보상을
내놓으면 잡아 준다.' 하며 너를 희롱
하고 우롱할 것이며 거래하고자 할 것
이니,
20 네가 그 거래에 응하지 아니하는 것은
당연할 것이며, 그때 그들은 나의 피
조물 만백성에게 등을 돌려 말하기를,
'우리가 스스로 저를 도와주려 하였더
니 이제 와 금화와 은화를 줄 테니 잡
아 달라 하기에 그 거래에 응하지 않
았다.' 할 것이니라.
21 그러나 이 말도 믿고 저 말도 믿는 어
리석은 백성이 있는가 하면, 정녕 나
의 선지자 네가 부르짖는 말이 타당하
다 깨우치는 자는 침묵 속에 너를 따
를 것이니라.
22 반드시 승자는 너이니라.
23 그 베일은 명확히 벗겨지게 되어 있음
이니라.
24 수백 명이 간단히 돕겠다며 왔을 때,
그곳에 금화와 은화를 내놓을 테니 도
와 달라 하지 아니하였음을 내가 아느
니라.
25 그리고 나의 피조물 만백성이 알게 됨
이니라.
26 진실은 밝혀질 것이니라. 그리고 밝혀
지게 되어 있으며, 어느 것이 진실이
고 아닌가를 판단하는 자들이 나올 것
이니라.
27 그들이 손을 떼고 간다 하여 그 짐이
바로 서지 못한다 생각지 말라.
28 말 없는 천사가 와서 그 짐을 단단히
메어 줄 것이니라, 선지자야!

1,343 번째 하나님 말씀

2001년 5월 13일 06시 30분

1 사랑하는 선지자야!
2 "네, 여호와 하나님! 말씀하옵소서."
3 세상사 살아가면서 너희들이 이치를
깨우치고 또 깨달음은 끝이 없나니,
하늘에 오르는 길이 거기에 있음이니
라.
4 회개하며, 반성하며, 스스로 행한 일
에 대하여 뉘우치며 깨달음을 얻어 그
를 시행하지 아니하며,
5 잠시도 쉬지 않고 너 자신을 다스려
자신을 뒤돌아보며, 너 자신이 율법과
나의 법전의 뜻에 따라 살아가는가를
항상 생각하라.
6 내가 너에게 이르기를 식사할 때마다
감사하라 하며 움직일 때마다 감사하
라 하여 그와 같은 기도를 드리라 함
은,
7 잠시라도 네 마음속에 나 여호와가 존
재함이 떠나면 너 자신이 흐트러지기
때문이니라.

8 너를 따르는 너의 제자들과 모든 백성
들에게 일러야 할 것이니라.
9 나 여호와에게 감사함을 모르며 나 여
호와를 생각하는 마음이 너희들에게
서 떠나고 지워질 때, 너희들이 그를
잠시라도 잊을 때, 너희들의 육신의
행동과 너희들의 마음가짐은 이루 말
할 수 없이 흐트러짐이니,
10 항상 기도하며 감사하는 마음으로 살
라 하는 뜻이 여기에 있음이니라.
11 너희들이 말하기를, 백 년도 안 되는
인생을 사는 너희들을 낳아 준 육신의
부모의 은혜와 그 공이 하늘보다 높으
며 바다보다 넓다 하며 너희 부모들의
공덕과 은혜에 감사드리는 말이 있듯
이,
12 너희들이 세상에 나가 이 밝은 천지를
보면 나의 은혜요, 나의 베풀어 준 뜻
에 의하여 이루어졌음이니, 그 감사하
는 마음 또한 어찌해야 되겠는가?
13 나의 피조물 만백성이 이 세상에 나옴
이 나의 주관이요, 나의 뜻에 이루어
졌다는 것을 정녕 믿는 자 어디에 얼
마나 있으며, 그와 같이 생각하는 자
진정 얼마나 있는가?
14 그리고 거기에 대한 진정한 감사를 얼
마나 하고 사는가?
15 이 세상에 나온 너희들은 나의 뜻에
의하여 나오며 나의 주관하에 세상에
와 사는 것이며,
16 세상사 너희들의 육신이 사는 이곳에
서 너희들의 정신세계가 내가 명한 율
법과 내가 명한 규정을 지키고 살다
영원히 사는 하늘나라에 오르라 함이
니,
17 너희들이 백 년도 못 되는 육신의 삶
에서 희비애락을 얻고 사는 것보다 영
원히 사는 나의 나라에서 이루어지는
희비애락의 척도와 강도와 방향이 어
떠할 것인가를 생각해 보았는가?
18 백 년 동안 사는 너희 육신을 위하여
너희들이 모두를 가꾸고 다듬는 그 정
성이 말할 수 없음이니,
19 그러나 너희들이 백 년도 안 되는 그
삶을 어찌 살았느냐에 따라서 영원히
사는 세계에 와 너희들이 벌을 받아
뜨거운 불 속에서 사느냐, 짐승의 모
형으로 사느냐, 벌레의 형태로 사느
냐, 그렇지 않으면 지금 너희들의 그
모습으로 아름답게 늙지 아니하며 죽
지 않는 나의 세계에 와서 살 수 있느
냐 하는 것이 달렸음이니,
20 그 기로에 오늘 너희 육신들의 삶이
있다 생각해 보라.
21 너희들이 나의 십계명을 지킬 수 없으
며, 도적질하지 아니하고 거짓 하지
아니하며 죄를 짓지 아니하고 살 수
없다 하는 그 말이 얼마나 복에 겨워,
행복에 지쳐 하는 소리인가?
22 인간이기 때문에 죄를 짓지 않고 살
수 없다는 그 여유작작한 말이 얼마나
너희들이 영원히 사는 세상에 와 비참
하고 처참한 형국으로 돌아가는가?
23 그 말의 뜻이 얼마만큼 너희들은 인간
의 아름다운 모습으로써 영원히 사느
냐, 짐승의 탈을 쓰고 사느냐, 벌레의
탈을 쓰고 사느냐, 그리고 바늘방석을
영원히 걸어가느냐, 뜨거운 불바다 속
에서 너희 자신이 고통을 당해야 하느
냐 하는 이와 같은 시험대의 길을 가

고 있음이니,
24 지금 육신의 너희 삶이 영원히 사는
세상에서 어찌 사는가의 시험대의 길
을 가고 있음이니라.
25 그 시험대의 삶을 소홀히 살지 말도록
너의 제자와 너를 따르는 나의 만백성
에게 깨우쳐 이르도록 하라, 선지자야!

1,344 번째 하나님 말씀

2001년 5월 14일 06시 55분

1 사랑하는 선지자야!
2 "네, 여호와 하나님! 말씀하옵소서."
3 세상에 너희들이 말하기를 최고의 기
록을 가지고 있는 사람이 몇 가지 길
을 가면서 그 기록을 가지고 그 기록
을 달성하는 사람을 보았더냐?
4 너희 인간 세계에서도 한 가지 길에
전념하고 모두를 다 바쳤을 때 그는
남들이 놀랄 만한 기적을 이루는 것이
며, 기록을 경신하며, 남들이 감히 추
종할 수 없는 개인의 역사를 이루게
됨이니라.
5 선지자야!
6 "네, 여호와 하나님!"
7 인간사 너희들이 육신으로 노력하여
이루고 기록을 경신하는 것이 아니며,
8 나의 성령을 받아 나의 성령에 따라
그대로 실천하며 살아야 하는 너는 나
의 법전에 의하여 실행하고 실천함이
으뜸이 되어야 되며 제일의 우등생이
되어야 함이니,
9 오로지 그 길 외에 아무것도 생각해서
는 아니 되느니라.
10 오로지 나의 음성과 나의 메시지와 나
의 법전만을 가지고 네가 네 모두를
다 바쳐 씨름할 때, 모든 것이 이루어
짐이니라.
11 내가 모두를 대중적으로 보라 하듯이,
너는 모두를 버려야 함이니라.
12 너에게는 나의 법전만이 네 생활의 전
부임을 깨우치며, 너의 제자들에게 또
한 그리 가르쳐야 될 것이니라.
13 너희들의 모두는 나의 법전뿐이니라.
14 그 길을 탐구하고 연구하는 것 외에
잠시라도 눈을 돌려서는 너희들이 세
상에 우등생이 될 수 없음이니, 이를
깊이 깨우쳐 명심하도록 하라.

1,345 번째 하나님 말씀

2001년 5월 15일 05시 35분

1 사랑하는 선지자야!
2 "네, 여호와 하나님! 말씀하옵소서."
3 갸륵하고 장하도다.
4 네가 정녕 나로부터 나의 음성을 받으
며 나의 메시지를 그리 받아 열여섯
권의 법전을 세상에 내는 대업을 이루
었음이니,
5 이게 정녕 나의 피조물 수십억 인구를
구원하는 법전이며 끊이지 않고 이어
지는 대대손손 그들을 구원하는 나의
성령의 법전이라 말하면,
6 오늘의 몇십억의 인구를 구하는 것이
아니라 그 몇십억의 인구와 그 몇 배
의 몇 배, 끊을 수 없는 나의 피조물
만백성의 하늘에 오르는 길잡이로서
그들을 깨우치는 나의 성령이라 말하
면, 이 얼마나 위대하고 소중한 대업
을 너희들이 이루었는가!

7 너희들은 알아야 될 것이니라, 나의
나라는 영원히 사는 나라라 말하였으
니, 바로 내가 너희들을 창조한 창조
주이니라.
8 그리하여 너희들 자손 대대 끊기지 않
고 나의 피조물 만백성이, 이 세상에
태어나 죽어 가며 또 태어나고 하는
그들이 진리와 순리에 따라 세상에 나
가 어찌 살라 하여, 내가 너희들을 세
상에 내보내는 그 뜻에 따라 바르고
곱게 살아 하늘에 오르는 길잡이요,
하늘에 오르는 영광의 그 빛을 보게
되는 근본인 나의 법전이라 너희들이
생각할 때,
9 이보다 더 거룩하고 이보다 더 위대한
일이 없으며 이보다 더 소중한 것이
없느니라.
10 그 대업을 너희들이 이루었음이니라.
11 나는 네가 이룰 것을 알고 있었음이니
라.
12 이제는 편히 쉬라, 이제는 편히 쉬도
록 하라.
13 너희들의 공로와 노고가 갸륵하며, 내
가 너희들을 사랑함이니라.
14 나의 피조물 만백성이 끊이지 아니하
고 세상에 태어나며, 죽고 삶이 계속
되는 그것을 하늘에서 지켜볼 수 있는
것은 나뿐이니라.
15 그리고 나의 에덴동산 낙원에 오르는
자들만이 대대손손 대가 끊기지 않고
이어지듯 그 많은 세월을 보고 살아갈
수 있으니, 나의 낙원에 이름이 기록
된 자들이니라.
16 영원히 변하지 아니하는 나의 성령의
법전을 세상에 내보냈음이니, 내가 너
희들을 사랑함이니라.

1,346 번째 하나님 말씀

2001년 5월 16일 05시 55분

1 사랑하는 선지자야!
2 "네, 여호와 하나님! 말씀하옵소서."
3 네가 인간의 육신으로서 60평생이라
는 나이에 가까이 살아왔으니,
4 네 머리와 네 몸속에 배어 있는 습관
이나 습성이라 하는 것을 하루아침에
지우기가 쉽지는 아니함을 내가 아느
니라.
5 그러나 내가 너에게 이르기를, 나의
성전이라 지은 곳에 나의 백성들이 기
도하고자 할 때, 그들이 무엇을 생각
하며 무엇을 얻고자 구하는 기도는 나
와는 아무런 관계도 없다 말하였으니,
6 네가 나에게 기도하고 경배하며 하루
의 생활 속에서 어려운 제자들의 그
힘든 길을 벗겨 주고 싶어 하고 불쌍
한 이웃을 도와주고 싶어 하며, 그와
같이 마음을 먹는 것 또한 네가 남들
처럼 무엇을 구하고자 기도하는 것과
같다는 것을 너는 어찌 깨우치지 못하
는가?
7 다만, 너는 나의 법전을 봄바람처럼
세상에 전하여, 내가 너에게 수행하라
했던 임무인 지상에 인간의 낙원을 만
드는 그 즐거움과 그 행복함 외에는
아무런 생각도 해서는 아니 됨을 알라.
8 오로지 너는 기도하며, 나의 법전이
세상에 봄바람처럼 전해지도록 하는
그 노력과, 그리고 내가 만든 지상의
낙원에 정녕 에덴동산과 같은 낙원을

만들어
9 그곳에 사는 자, '여호와 하나님의 뜻
을 받아 이룩한 이 낙원이 이와 같이
아름다우니 우리의 하나님이 계신 곳
은 얼마나 아름다울까? 그 영원히 사
는 낙원을 내가 놓칠 수 없으며, 나는
그곳에 올라가는 사람이 되어야 되겠
다.' 하는 애절한 마음으로 믿음에 매
진하는 자들을 만들라 하였으니,
10 그것 외에 네가 생각한다면 너 또한
나와 거래하고자 하는 마음이니, 어찌
그를 네가 깨우치지 못하는가?
11 네 머릿속의 생각을 모두 다 지우라.
12 '모두는 여호와 하나님의 뜻이니, 저
는 모르옵니다. 알아서 행하여 주옵소
서.' 이리 말하라.

1,347 번째 하나님 말씀

2001년 5월 17일 06시 45분

1 사랑하는 선지자야!
2 "네, 여호와 하나님! 말씀하옵소서."
3 이제는 조용히 기다리며, 이제는 네가
돌이 되어야 하느니라.
4 네가 조용히 기다림 속에 돌이 되어,
돌이 비바람과 풍화 작용을 견디며 묵
묵히 한 자리를 지키고 있듯이,
5 네가 나를 향하여 기도하는 마음과 내
가 너에게 만들라 명했던 그 지상의
에덴동산만을 생각하며, 그를 만들어
이루는 것 외에는 아무것도 생각하지
말라 일렀으니,
6 오로지 한 길을 가는 그 삶을 위해 너
는 모두를 다 바쳐야 될 것이며,
7 그 길을 위하여 비바람에 견디며 묵묵
히 자리를 지키는 큰 바위처럼 돌이
되어야 하느니라.
8 이제는 네가 모든 것을 깨우칠 만큼
깨우쳤으며, 하늘의 뜻이 무엇인가를
알 만큼 알았으며, 네가 또한 누구라
는 것을 알고 있음이니,
9 소리 없이 조용히 미소 짓는 너의 모
습으로써 삶을 이끌어 나가야 됨이니
그리 알라.
10 바위가 되라.

1,348 번째 하나님 말씀

2001년 5월 18일 05시 45분

1 사랑하는 선지자야!
2 "네, 여호와 하나님! 말씀하옵소서."
3 나의 아들 예수가 세상에 태어나 나의
피조물 만백성을 구원하고자 기적을
이루며, 많은 이들에게 '내가 정녕 하
나님의 아들이요.' 하고 만백성을 구
하고자 하였으나, 그들이 어찌하였더
냐?
4 지금 네가 나의 법전을 들고 '이것이
구약과 신약을 덮으며 마지막으로 우
리를 구하고자 하는 하나님의 성령으
로써 기록된 책이요.' 하며 아무리 목
청 높여 부르짖어도,
5 구약이 어떻고 신약이 어떠하며 성서
의 말씀이 어떠하니 하며 그들은 항변
하느니라.
6 그리고 그들의 머릿속에 박힌 사상과
생각을 그들은 조금도 돌이키려 하지
아니하려 함이니라.
7 이는 곧, 수박이라 하는 과일에 말뚝
을 박아서 그게 썩어져 가며 인간이

먹을 수 없는 형국이나, 그를 빼려 하
지 아니함이니라.
8 이미 썩은 수박이니 뺀들 무엇하느냐
하는 그들의 속성이 자리 잡고 있음이
니라, 선지자야!
9 얼마나 그 벽을 넘기가 힘들고 어렵더
냐?
10 그들의 속성이 '이왕에 버린 몸, 나는
이 길로 그대로 가겠다.' 하는 생각을
저희들이 하고 있음이니라.
11 예수가 자기의 목숨을 던질 정도로 그
길을 택하며 왔을 때, 어찌하며 만백
성을 구하고자 하였더냐?
12 그 시련과 그 고통만은 못하느니라,
선지자야!
13 좌절하지 말라, 그리고 불안해하지 말
라.
14 정녕 나의 아들로서 나의 아들이라 외
치며, '나의 아버지가 보내어 피조물
만백성 너희들을 구하기 위하여 내가
왔노라.' 하여도 그들은 그의 생명마
저도 앗아 갔음이니라.
15 그와 같으니라, 그와 같은 형국이니라.
16 그 시절보다 더한 것이 너희들의 굳어
져 있는 지금의 믿음의 그 생각이니,
그를 돌릴 수 없음이니라.
17 여기서 너와 너의 제자들은 깨달아야
할 것이 있으니,
18 좌절하지 말며 실망치 말라, 나 여호
와가 있음이니.
19 너희들이 보기에는 그와 같이 단단하
고 굳은 것 같으나, 부서질 날이 있음
이니라.
20 그러니 좌절하지 말라, 그리고 두려워
하지 말라.
21 저희가 아무리 사악한 생각을 하고 있
어도, 너는 나의 종이요, 나의 선지자
며, 너의 제자들도 내가 그 머리에 손
을 얹어 사랑하는 나의 백성이니,
22 너희들을 범하지 못할 것이니라.
23 두려워 말라, 이제 시작이니라.

1,349 번째 하나님 말씀

2001년 5월 18일 20시 30분

(강론을 마치며)

1 사랑하는 선지자야, 그리고 내 사랑하
는 피조물 너희는 들으라.
2 조용한 밤에 너희들이 누워 지금까지
살아오면서 지은 죄를 하나하나 조목
조목 손끝으로 접는다 하면, 열 손가
락이 모자랄 것이며 열 손가락의 마디
로도 모자랄 것이니,
3 백지장에 지금까지 너희들이 살아오
면서 지은 작고 큰 죄를 다 나열해도
그 죄목을 다 쓸 수 없을 만큼 많은 죄
를 짓고 살아오는 것이 인간의 삶이
며, 너희 또한 살아옴이 그러하니라.
4 그러나 너희들은 들으라.
5 너희들이 나의 법전이 세상에 나오도
록 각자 맡은 임무를 다했으며, 오늘
나의 성전에서, 나의 법전이 그득히
쌓인 이곳에서 기도하는 너희들의 그
모든 죄를 내가 나의 이름으로 거두어
주었음이니,
6 너희는 그 죄를 두려워하지 말고 너희
들이 지금까지 살아오며 지은 그 죄에
대하여 부끄러워하지 말며,
7 내 앞에 고개를 들지 못하는 나의 피
조물, 나의 종이라 생각하지 말라.

8 너희들은 알아야 할 것이니라.

9 이 구구절절이 기록되어 있는 나의 법전이 나 여호와의 마음이며, 내가 나의 피조물 만백성에게 내리고자 직접 나의 선지자의 가슴을 통하여 기록함이니, 이를 너희들이 믿어야 할 것이니,

10 너희 개개인 한 사람 한 사람을 분석해 놓고 볼 때, 너희들은 이와 같이 영광된 자리에 선택될 수 없으며, 너희들이 선택된 그 자체만으로도 이 선지자가 가는 길이 사탄이요, 마귀의 장난이 아닌가 하는 생각을 너희들이 할 수도 있으나,

11 그렇지 아니하니라.

12 너희들은 나로부터 소중한 자들이니라.

13 너희들이 나를 선택한 것이 아니라 내가 너희들을 선택했기 때문이니라.

14 내가 너희들을 선택하는 그 순간부터 너희들의 능력을 누구도 대적할 수 없으며,

15 너희들이 가지고 있는 그 비우고자 하는 아름다운 마음이요, 아름다운 삶을 영위하고자 하는 마음을 누구도 이해하지 못하며 따라오지 못할 것이며 깨닫지 못할 것이니라.

16 너희들이 지금까지 살아오면서 지은 모든 죄를 나 여호와의 이름으로 용서하듯이,

17 너희들이 오늘 이 성전에 옴은 너희들이 나를 선택하며 나의 선지자를 선택한 것이 아니라, 내가 너희들을 선택하여 골라 썼음을 오늘 너희들이 깊이 깨닫고 알아야 할 것이니라.

18 너희는 들으라.

19 너희들이 낳은 자식들이 성장하는 과정도 어머니로부터 세상에 나와 성장하는 기간이 있듯이,

20 나의 법전 또한 세상에 전해지는 시간이 필요하며 때가 있음을 너희들은 알아야 할 것이니라.

21 너희들은 '여호와 하나님의 뜻을 범하며, 뜻에 따라 살지 아니하는 사악한 자를 하루아침에 다 뿌리 뽑아 바다에 날리면 되지 않느냐?'라는 말을 하고 생각하나,

22 그리할 수 없다 하였느니라.

23 너희들 자신의 사악한 뿌리가 계속 이 세상에 뿌리를 내리니, 그때마다 다 그를 버릴 수 없어 나의 법전으로 내가 사랑하는 피조물 만백성을 깨우쳐 하늘에 오르도록 하고자 함이니,

24 여기에 내가 너희들을 사랑하는 마음이 있듯이, 너희들은 서서히 성장해 가야 하느니라.

25 서서히 시간을 두고 선지자의 성장하는 모습과 선지자가 다져지는, 선지자가 굳어지는 시간이 필요하며,

26 너희들의 마음을 비우는 시간이 필요함이니라.

27 너희는 불안해하지 말고 초조해하지 말라.

28 너희들 자신이 이 모두가 나 여호와의 뜻이며, 나의 말이며, 만백성을 구하는 진정한 나 여호와 하나님의 성령으로써 오늘 기록한 것이며, 그를 듣고 그를 실행하기 위하여 너희들이 모였다는 것을 만에 하나라도 의심하는 마음이 있다 하면,

29 이를 듣지 못하며 기록하지 못하며 읽
지 못하는 나의 피조물 만백성 그들이
어찌 깨우치며 나의 선지자가 기록하
여 보내는 이 법전을 믿겠느냐?
30 내가 너희 모든 죄를 다 용서하여 주
었음이니, 너희들의 마음 한구석에 나
여호와를 의심하는 마음이 있어서는
아니 될 것이니,
31 그렇다 하여 내가 너희들에게 일어서
서 이곳을 떠나라 명하지 아니함은 내
가 너희를 사랑하고 나의 백성 중에
선택된 나의 종들이기 때문이니라.
32 내가 말하였느니라. 나의 선지자요,
나의 법전이 사탄이요, 마귀가 장난하
는 것이라 한다면,
33 너희 명을 거둘 때까지, 그때까지도
이것이 사탄이라 밝혀지지 아니하면
너희는 하늘에 와 나에게 그 벌을 받
을 것이니, 너희들이 그때 와서 후회
하면 때가 늦음이라 했느니라.
34 너희들은 선택된 자이니라.
35 너희 스스로 온 것이 아니라 내가 너
희들을 쓰고자 선택하였으니, 너희보
다 더 위대한 자 세상에 없음을 오늘
너희들은 깊이 깨우쳐야 할 것이니라.
36 가슴에 새겨 두라.
37 너희들은 내가 부른 자니라.
38 그리고 선지자와 너희는 하나가 되어
가야 할 나에게 선택된 종이며 나의
백성들이니라.
39 이를 명심하도록 해야 할 것이니라.

1,350 번째 하나님 말씀

2001년 5월 19일 07시 25분

1 사랑하는 선지자야!
2 "네, 여호와 하나님! 말씀하옵소서."
3 네 몸과 네 마음속에 어떠한 피와 어
떠한 정신과 무엇이 흐르는 사람인지
를 네가 나로부터 들어야만 되겠는가?
4 불안해하지 말라.
5 향이라 하는 나약한 한 여인이 너를
믿고 따르는 그 믿음이 어떠하더냐?
6 그가 나 여호와가 존재함을 믿는 것만
큼도, 나의 성령이 곧 나의 뜻이요, 나
의 법전이 나의 성령이라 믿는 그 마
음만큼도 네가 믿지 못함이니,
7 그의 갸륵한 정성을 보며 그가 믿는
마음을 보고도, 나의 법전이 오늘 이
와 같이 변화되는 것과 또 앞으로 너
를 도울 자들이 수없이 나온다 하였거
늘,
8 그와 같이 기적이 이루어지는 것을 보
면서도 어찌하여 네 마음이 그리도 나
약한가?
9 오늘의 현 위치까지 네가 나의 열여섯
권의 법전을 세상에 내 만백성에게 전
하게 되는 그 자체가 나의 은혜와 나
의 주관과 내가 이루어 준 기적이 아
니면 네 힘으로 이룰 수 있다 생각하
느냐?
10 그 은혜와 영광을 받은 네가 어찌하여
밤이면 밤마다 괴로워 우는가?
11 이제 시작이니라, 선지자야!
12 너희들 인간사에 말하기를, 자식을 눈
에 넣어도 아프지 않다 하는 육신의
부모의 사랑이 있고 그와 같이 자식을

사랑함이니,
13 나 여호와가 너를 내 눈에 넣어도 아
프지 않을 만큼 사랑하는 나의 종이
요, 선지자요, 내가 선택한 자라 하면,
너는 나의 이 뜻을 어찌 생각하며 받
아들일 수 있겠는가?
14 내가 '마포'라는 이 지역에 와 네가 자
리를 잡도록 했으며 뿌리를 내리게 한
그 뜻을 이제는 네가 알게 되었을 것
이니,
15 다 나 여호와가 준비하여 너를 끌고
감이니 너는 자신 있게 시행하라.
16 네가 이곳에 와 자리 잡을 때, '마포'
라는 그곳에 자리를 잡으라 하였던 것
이 왜 그랬는가를 이제는 알게 될 것
이니,
17 그것을 보더라도 모든 것이 나의 주관
하에 이루어지거늘 너는 어찌 그리 불
안해하는가?
18 사랑하는 선지자야,
19 사악한 무리 속에 하나의 겨자씨를 뿌
려 놓고, 그가 곱고 아름답게 자라며
만백성을 구하는 선지자가 되어 나의
법전을, 나의 성령을 갖고 부르짖으며,
20 그로 인하여 철옹성보다도 더 굳어진
종파들 속에서 이를 깨야 하는 대명을
내린 내가 너를 보는 마음이 어떠하겠
느냐?
21 그 대명을 맡은 너와 내가 어떠한 관
계인가 깊이 명심하여 좌절하지 말며
눈물 흘리지 말라.
22 내가 너에게 말했느니라.
23 나의 사랑하는 예수는 제가 어떠한 고
통을 겪고 가며 나에게 와야 되는지를
알기에 수없이 눈물의 기도를 드렸음
이니라.
24 너 또한 지금 오늘의 아픈 마음을 눈
물로써 기도하나, 네가 가야 할 길이
있으며 이루어야 할 게 있으며,
25 네가 정해진 그 세월과 그 그림 속에
서 나의 계획에 의하여 기다리며 가야
함이니,
26 너 자신을 다스리는 일에만 열성을 다
하라.

1,351 번째 하나님 말씀

2001년 5월 20일 06시 45분

1 사랑하는 선지자야!
2 "네, 여호와 하나님! 말씀하옵소서."
3 내가 너희들에게 말하여 이르기를, 나
로부터 인간으로 세상에 태어나도록
은혜를 받은 그 자체가 너희들의 생명
과 바꿀 수 있는 소중함이라 하였으니,
4 한 인간으로서 생명을 갖고 세상에 다
시 태어나는 그와 같은 은혜와 은총
하나만으로도 너희들은 모두를 다 바
쳐 나를 경배하며 그를 감사하며, 나
로부터 선택된 그 자체보다 더 큰 영
광이 없다 내가 너희들에게 말하였으
며,
5 그리 생각하고 기도하고 감사하는 경
배를 하고 살라 하였으며,
6 또한, 너희들이 그와 같은 은혜를 입
었기에 너희들에게 지키고 살라 하여
너희들이 살아가야 하는 그 법도와 질
서를 내려 주었음이니,
7 그를 지키고 사는 길만이 하늘에 오르
는 길이라 말하였느니라.
8 그와 같이 너희들이 나로부터 인간으

로 태어날 수 있는 은혜를 받은 그것
하나만으로도 세상 것 모두와도 바꿀
수 없는 감사한 마음을 알라 하였으며,
9 그리하여 너희들은 내가 내린 계명에
따라 짧은 그 육신의 삶을 영위하다
나의 뜻을 지켜 하늘에 오르는, 영원
히 사는 낙원에 와 살 수 있는 너희들
이 되라 하였음이니라.
10 오늘날 나의 선지자, 나의 종을 따르
는 너희들이 또한 하나 깨우쳐야 할
것이 있음이니,
11 나로부터 생명을 받은 그 은혜 못지않
게 나의 선지자 옆에서 같이 대화하고
같이 나의 성령의 뜻을 들으며 나의
선지자와 더불어 나의 피조물 만백성
을 구하는 나의 법전을 전하는 대명을
받은 그 축복이 아무나 얻을 수 없는
크나큰 은혜이거늘,
12 너희들은 지금 그 자체를 깨우치지 못
하고 있으니,
13 나로부터 생명을 받아 나간 그 자체가
세상을 주고도 얻을 수 없는 소중한
은혜라 하면,
14 나의 선지자 옆에서 숨을 쉬고 같이
행동하며 그를 바라보고 그와 같이 행
동할 수 있음이 또한 인간으로서는 더
이상 큰 은혜와 영광이 없음이니라.
15 거기에 따라 나의 피조물 만백성을 구
하는 법전을 전하는 대명을 알고 일찍
이 깨우친 너희들이 천사와 같은 자가
아니라 하면 나의 종, 선지자 옆에 너
희들이 있을 자격이 없음이니,
16 모두는 한 형제인 너희들 마음속에 질
투하고 시기하고 미워하고 가슴을 열
지 못하며, 너희들의 정신이요, 육신
이라는 그와 같은 인간들이 생각할 수
없는 것까지 모두 지워 버릴 수 있는
그 마음이 아니면 너희들은 선지자 옆
에 있을 자격이 없음이요,
17 선지자와 더불어 숨 쉬며 생활하며 같
은 길을 가는 그 영광의 은혜로움 자
체도 모르는 너희들이니,
18 너희들은 모두를 잃었을 때 소중함을
아느니라.
19 열여섯 권의 법전이 세상에 나와 그
법전을 아무리 읽으면 무얼 하며 아무
리 너희들이 소중하다 부르짖으면 무
엇하는가?
20 한갓 안개와 같은 너희들 마음 하나
비우지 못한다면,
21 선지자와 더불어 숨 쉬고 생활할 수
있는 크나큰 은혜를 입은 너희들이,
아름다운 향기를 내뿜어야 하는 너희
들이 마음 한 곳에 독소와 같은 것을
가지고 있다 하면 선지자 옆에 있을
자격이 없음이니,
22 선지자와 더불어 있는 그 하나로써 세
상의 모두를 다 얻은 크나큰 영광이라
생각하지 아니하고 깨닫지 못하는 자,
그들은 선지자 옆에 있을 수 없음이니
그리 알라.
23 함께 숨 쉬고 가장 가까이 생활할 수
있는 그 크나큰 은혜 하나로써 모든
독소의 마음을 다 버려야 하거늘,
24 이를 시행하지 못하고 깨달아 깨우침
을 행하지 못하는 자들은 더불어 같이
살아갈 수 없음을 알아야 할 것이니,
25 이 무서운 사실 앞에 너희들이 스스로
버림을 받은 다음에 후회해도 다시는
돌아올 수 없는 것이 선지자와의 만남

이요, 헤어짐이니라.

1,352 번째 하나님 말씀

2001년 5월 21일 07시 45분

1 사랑하는 선지자야!
2 "네, 여호와 하나님! 말씀하옵소서."
3 이제 외출을 하지 말라.
4 이곳과 나의 법전이 쌓여 있는 곳 외
에는 외출을 삼가라.
5 그리고 여행을 다녀오도록 하라.
6 넓고 시원한 바다를 거치며 산천의 아
름다움을 다시 한 번 바라보는 눈을
뜨게 될 것이니라.
7 그간 많은 세월 동안 잘 참고 인내하
였느니라.
8 편안한 마음으로 하늘을 나는 새처럼
마음의 문을 열고 여행을 하라.
9 그리고 내가 명하는 시간 외에는 외출
을 삼가라.
10 네가 지금 하늘에 오르는 계단을 하나
둘 오름에 있어서 너보다 더 높이 깨
우친 동반자가 없으니,
11 네가 외출을 삼가야 하는 이유는 거기
에 있음이니라.
12 추락하고자 하지 말라.
13 사랑하는 선지자야,
14 모든 것은 준비가 완벽해도 너희들의
살아감에 오차가 있음이니,
15 완벽한 준비가 이루어졌을 때 나의 법
전이 세상의 바람을 탐이니, 나의 이
뜻을 네가 알 것이니라.
16 그리하라.

1,353 번째 하나님 말씀

2001년 5월 22일 06시 40분

1 사랑하는 선지자야!
2 "네, 여호와 하나님! 말씀하옵소서."
3 이제는 조용히 생각하는 시간을 가지
라.
4 네가 조용히 스스로 너 자신을 돌아다
보며 모든 것을 다 다시 한 번 정립하
고 생각하는 그와 같은 시간을 가지라.
5 그리하여 내가 너에게 여행을 하라 명
함이니라.
6 너만의 생각하는 시간을 가지며, 너만
의 실천할 수 있는 시간을 가지며, 너
만의 실천할 수 있는 계획을 세우며,
7 네가 정녕 가야 할 길과 행해야 될 것
을 스스로 돌아다보는, 너 자신을 돌
아보며 너 자신만의 값지고 소중한 시
간을 가지라 함이니라.
8 나의 열여섯 권의 법전을 세상에 내
니, 모두는 다 그 속에 들어 있으며,
이제 네가 시행하고 실천함만 남았으
니, 너만의 시간 속에서 네가 깨달음
을 얻도록 하라 함이니라.
9 그리고 너와 너의 제자들에게 이르기
를, 너희들 머릿속에 나 여호와에게
감사하는 생각과 나의 법전을 세상에
어찌 전할 것인가 하는 그것 외에는
너희가 생각해서는 아니 됨이니,
10 그 생각 속에서 하루를 사는 자는 그
모두를 얻는 영광을 얻음을 깨우쳐 주
어 그들이 시행하도록 하라.
11 세상의 모든 종파들이, 내가 만든 피
조물 만백성이, 수억의 그들이 가는
길이 옳다 말하며, 그들이 구약이 어

떠하며 신약이 어떠하며 성서에 기록
됨이 어떠하며, 저희들만이 옳은 길이
라 말할 것이나,
12 그러나 아무리 성서가 소중하며 나의
뜻에 의하여 기록된 책이라 말하나,
그를 깨닫고 시행하는 자들이 그 뜻의
깊이를 모른다 하면 이는 진정 깨달음
의 길을 갈 수 없음이니라.
13 구약과 신약의 성서가 많은 세월이 흐
르면서 변질되며 변화된 부분이 있는
가 하면,
14 또한 내 뜻에 의하여 기록된 내용들도
너희들이 깊이 깨우침이 모자라며 그
원천의 뜻을 깨닫지 못함이니,
15 이를 갖고 갑론을박을 한들 무엇하며,
한 구절의 내용이 이렇다 저렇다 따질
이유가 없으며,
16 그 또한 모두를 수정하고 고칠 수 있
는 것은 나 여호와뿐이니,
17 나의 성령으로써 너를 통하여 기록하
는 이 법전이 나의 피조물 만백성을
구하는 근본이며 기본이니라.
18 그리하여 내가 말하기를, 나 여호와를
사탄이요, 마귀라 욕을 한다 하여도
나의 성령으로 기록된 열여섯 권을 정
독 한 다음에 평하는 자는 내가 그를
벌하지 아니한다 하였음이니,
19 너희들을 찾아오는 나의 피조물 만백
성에게 열여섯 권의 법전을 읽고 난
다음에 갑론을박할 자격이 있다 이르
라.
20 나의 피조물 만백성 중에 목숨을 내놓
는 각오와, 목숨을 내놓고 나를 믿으
며, 내가 있으며 나에게 오르고자 육
신의 목숨을 기꺼이 던질 수 있는 마
음의 깨달음이 없는 자는 나의 법전을
읽고 깨달을 수 없으며, 나의 법전을
읽고 실천할 수 없음이니라.
21 나 여호와가 존재함을 진정 믿으며,
나에게 오르고자 하며, 너희들의 하나
밖에 없는 그 육신의 생명을 웃음으로
바칠 수 있는 그와 같은 나를 믿는 굳
건한 마음이 아닌 자는 나의 법전을
읽고 깨달을 수 없음이니라.
22 무섭고 두려워 그들은 감히 나의 법전
을 읽지 못하며 실천하지 못함이니,
23 그리하여 저희들이 실천하고 실행할
수 없기에 이는 사탄이요, 마귀가 장
난하는 길이라 그들이 말함이니라.
24 너희들은 나의 뜻을 인간이기에 실천
할 수 없다 말하나, 이 법전에서는 인
간이기에 그를 실천하고 시행해야 한
다 가르치며 말함이니,
25 나 여호와가 불로 쓴 십계명은 정녕
나의 뜻임을 너희들이 아나니,
26 내가 불로 써 내린 나의 그 뜻을 지킬
수 없다 하여 던지는 자가 진정 하늘
에 오르는 나의 피조물 만백성을 인도
하는 자이고 그 가르침이 하늘에 오르
는 길인가,
27 십계명은 나 여호와가 직접 쓴 것으로
서 목숨을 내놓는다 하더라도 그를 지
켜야 된다 하며 그를 지키고자 노력하
고 지키고 살아야 한다 하는 나의 법
전이 마귀요, 사탄의 장난인가?
28 이것만을 너를 찾아오는 자들에게 깨
우쳐 눈을 뜨게 하라.
29 성서를 가지고 갑론을박하지 말라.
30 성서를 갖고 갑론을박하는 자는 도망
가고자 하며 빠져나가고자 하는 자이

니,
31 성서를 열 번 백 번 읽고 깨우침과 나
의 법전을 정독하여 한 번 읽고 깨우
치는 마음의 변화의 크기가 어느 것이
얼마나 더 무서운가를 나의 열여섯 권
의 법전을 읽고 대답하라 그리 가르치
라.

1,354 번째 하나님 말씀

2001년 5월 22일 21시 15분

1 사랑하는 선지자야!
2 "네, 여호와 하나님! 말씀하옵소서."
3 내가 만든 이 지상의 낙원이야말로 아
담과 이브가 세상에 태어났던 그 낙원
과 같은 것이거늘,
4 나의 피조물 만백성이 썩고 또 썩어
곪고 또 곪았으며, 이제는 이 낙원이
더 이상 견딜 수가 없으며,
5 그 낙원의 은혜 속에서 사는 나의 피
조물 만백성 또한 모든 동식물을 통제
하며 질서를 지키며 낙원을 이루고 살
라 하였으나 그들의 육신의 욕심 때문
에 지금 썩고 병들어져 가고 있으며,
혼탁하고 추악한 그 모습을 더 이상
볼 수 없음이니라.
6 선지자야,
7 지금과 같이 혼탁하고 지금과 같이 썩
어져 가는 이 형태에서 더 이상 썩고
더 이상 무너진다 하면 나의 피조물
만백성은, 인간으로서 내가 가장 아끼
고 사랑하는 형체로 만든 나의 피조물
너희들은 존재할 가치가 없음이니라.
8 너희들은 야생의 뱀에게 개구리가 먹
힐 때, 머리와 몸통이 반이 들어가 이
제 다리밖에 남지 않아 허덕이는 이와
같은 형국이니,
9 지금의 나의 에덴동산과 같은 낙원에
서 살아가는 나의 피조물 만백성 너희
들의 꼴이 그와 같으니라.
10 그를 다시 꺼내어 살리고자 하는 것이
나의 뜻이요, 그를 다시 꺼내어 살릴
수 있는 것은 나의 법전뿐이니,
11 수천 년 역사를 흘러오면서 성서의 가
르침과 그를 공부하고 그에 따라 살아
온 그들의 형태가 오늘 어떠하더냐?
12 그것으로써는 그들을 잡아 살릴 수가
없음이니라.
13 먹혀 가는 개구리를 뽑아내어도 그가
살 수가 없으며 뽑혀 나올 수가 없어,
그를 먹는 뱀을 두들겨 잡고자 함이니,
14 개구리를 살릴 수 있는 길은 바로 그
개구리를 물고 계속 삼키고 있는 뱀을
요절내어 그 입을 찢는 것이니,
15 바로 그와 같은 역사요, 그와 같은 임
무를 수행하고 대행할 수 있는 것이
나의 법전이요,
16 이는 성령으로써 나의 사랑하는 선지
자 너를 통하여 열여섯 권의 법전으로
만백성을 가르치고자 내려보내는 나
의 성령의 뜻이니,
17 이것만이 개구리를 먹어 가는 뱀을 요
절내어 그 입을 찢어 개구리를 살릴
수 있음이니,
18 개구리의 뒷다리를 잡아당겨서는 살
릴 수가 없음이니라.
19 이와 같이 먹혀 가는 형국이요, 다 썩
어져 가고 문드러져 가는 것이 오늘의
나의 피조물 만백성이 속속들이 가지
고 있는 속성이며 가지고 있는 마음이

니,
20 너희들이 바라보는 그들의 삶의 형태
가 과연 어떠하더냐?
21 그와 같은 일을 하고자 하여 먹혀 죽
어 가는 개구리를 살리는 형국이며 뱀
을 죽여 살리고자 함이니,
22 썩고 병들어 문드러지는 너희들의 마
음을 달랠 수 없고 잡을 수 없는 이 형
국에서 너희 마음을 다스려 이룰 수
있는 것은 나의 법전 열여섯 권을 가
슴에 안고 읽는 길밖에 없음이니라.
23 이와 같은 임무를 수행하는 것이 나의
선지자요, 나의 종이며, 너를 따르며
깨우치는 자들의 임무이니라.
24 너희들이 뱀을 짓밟아 그 입을 찢어
수없이 먹혀 가는 그 개구리들을 살려
야 할 것이니,
25 이러고도 나의 성령을 담아 기록하는
법전을 사탄이요, 이단이라 너희들이
부르짖고 있음이니,
26 사랑하는 선지자야!
27 "네, 여호와 하나님! 말씀하옵소서."
28 다 먹혀 가는 그 개구리의 생명을 살
리는 것이 너의 대명이니, 힘차고 용
기 있게 뱀을 내려쳐 요절을 내는 그
용기를 잊지 말라.

1,355 번째 하나님 말씀

2001년 5월 23일 07시 10분

1 사랑하는 선지자야!
2 "네, 여호와 하나님! 말씀하옵소서."
3 너는 나의 가슴에 있는 성령을 받아
나의 성령이 네 몸에 임하여 충만하였
으니, 바로 네가 나의 아들이니라.
4 너희 인간사에 남녀의 결합에 의하여
세상에 자식들이 태어나는 것이 형성
되어 있으나,
5 너는 나의 성령으로써의 나의 자식이
요, 나의 백성을 만듦이니,
6 나는 너희들과 같이 인간관계에 의하
여, 남녀의 결합에 의하여 생명이 태
어나는 그와 같은 격식과 절차를 거침
이 아니니라.
7 나의 성령으로써 나의 모든 피조물을
만들며, 내 자식 또한 성령이니,
8 나의 업을 대신하는 자가 나의 아들이
니라.
9 너는 어찌하여 그 뜻을 깨우치지 못하
는가?
10 지금 나의 피조물 만백성 중에 나의
마지막 가슴에 있는 모두를 다 불태우
는 심정으로 나의 성령을 네 가슴에
불어넣음이니,
11 너는 나의 성령으로써 그득히 충만된
자이니라.
12 나에게 너보다 더 소중한 자 없음이
니, 네가 불안해하니 내가 너에게 말
하여 줌이니라.
13 내가 너에게 말하듯이, 나의 법전이
세상에 봄바람처럼 전해지며 만백성
을 구원하는 이것이 마지막 나의 성령
의 가르침이라 하였으니, 이는 틀림없
느니라.
14 오늘 이후 너는 정녕 불안해하며 두려
워하지 말라, 사랑하는 선지자야!
15 나의 성령으로써 충만된 네가 나의 진
정한 아들이라 말하면, 나의 피조물
만백성은 더 웃을 것이며, 더 돌을 던
질 것이며, 침을 뱉을 것이니,

16 자식을 자식이라 말하지 못하는 부모
의 마음을 너는 깨우쳐 나를 원망하지
말지니라.
17 오늘의 나의 이 가르침과 나의 이 마
음의 뜻을 아무에게도 전하지 말라.
18 정녕 네가 성령으로 충만된 나의 아들
이라 하는 말을 너희 두 사람 외에 다
른 사람이 안다 하면 그 입을 여는 자,
혀를 봉할 것이니라.
19 두려워하지 말라.
20 모두는 다 그대로 이루어질 것이니라.

9 네가 이곳을 떠나고자 한 약속도 약속
이니, 어찌하여 그리도 어리석은 우를
범하는가?
10 "여호와 하나님!
11 믿음이 약하며 불안에 떨고 있는 이
죄인을 벌하여 주옵소서."
12 그리하여 네 마음이 불안하면 네 몸이
아픔이니라.
13 네가 나의 뜻을 거역하면 내가 너에게
직접 체벌을 한다 하였음이니, 이는
네가 받은 나의 체벌이니라.

1,356 번째 하나님 말씀

2001년 5월 24일 0시 10분

1 내 사랑하는 선지자야!
2 "네, 여호와 하나님! 말씀하옵소서."
3 너의 생명을 지키는 것보다 소중함이
없으니, 내가 이 법전을 너에게 지키
라 말하였음이니라.
4 그리하여 네 주변에 사람이 항상 있게
하였음이니, 네가 어찌하여 나의 이
뜻을 모르는고?
5 네 생명보다 더 중요한 것이 어디 있
던가? 금화가 그리 중요하던가?
6 모두는 다 나의 뜻이며, 네 생각에 의
하여 움직이지 말라 하였음이니, 어찌
하여 그리도 우매하고 어리석은 짓을
하는고?
7 너를 만나고자 하는 자, 천태만상의
사람들이 모여듦이니,
8 네가 몸으로 직접 부닥칠 자, 부닥치
지 아니할 자 있으며, 네가 들어갈 휴
식 공간이 없음이니 네가 직접 부닥쳐
야 됨이 아니니라.

1,357 번째 하나님 말씀

2001년 5월 24일 06시 40분

1 사랑하는 선지자야!
2 "네, 여호와 하나님! 말씀하옵소서."
3 많은 피조물 만백성이 깨우침이 있고
하늘에 오르는 길이 무엇인가를 깨달
아 나의 피조물 만백성을 통제하며 그
들을 가르치며 능력을 보이며 많은 백
성을 이끌어 갈 수 있도록 될 때,
4 금화와 은화가 저희들 앞에 쌓일 때,
그들은 육신의 부귀와 영화를 위하여
나 여호와의 존재함을 잊고 살아감이
니라.
5 부귀와 영화에 의하여 나를 버리는 자
도 나를 버린 자요, 고통과 시련이 힘
들고 어려워 나를 버리는 자 또한 나
를 버림이니라.
6 나의 뜻에 의하여 행하지 아니함도 믿
음이 약함이며, 내가 존재함을 의심함
이며, 그 또한 죄이니라.
7 그리고 그 또한 육신의 부귀와 영화를
위하여 나를 버리는 것과 같음이니라.

8 사랑하는 선지자야!
9 "네, 여호와 하나님! 말씀하옵소서."
10 남들이 너를 볼 때 그는 정녕 선지자
라 말할 수 있는 그와 같은 너로 변하
고 변해 가도, 나의 뜻을 거역함이 있
어서는 그 모두가 다 물거품이 되느니
라.
11 네가 나의 뜻에 순종하며, 묵상하며,
기도하며, 내가 너에게 원하는 것을
네가 행할 때, 육신의 세계를 벗어나
하늘에 오르는 길을 깊이 보고 넓게
볼 수 있음이니,
12 하늘에 오르는 이치를 깨달으며 그를
넓고 깊게 바라보는 네 모습이 정녕
변화된 모습이니라.
13 사랑하는 선지자야!
14 "네, 여호와 하나님! 말씀하옵소서."
15 네가 기억해 보라.
16 나의 아들 예수가 그 고통의 길을 가
지 않기 위하여 수십 번 기도를 드렸
으나, 내가 그를 받아 주지 아니하고
어렵고 힘든 그 고통의 길을 가 만백
성을 구하는 근본이 되도록 하였으나,
17 오늘의 나의 피조물 만백성이 그로 인
하여 얼마나 잘못 가는 길을 가며 사
악한 길을 가고 있는가?
18 이 모두는 다 나의 주관하에 이루어진
것이며 나의 뜻에 의하여 이루어진 오
늘의 형국이라 말할 수 있으나,
19 내가 그 기도를 들어주지 아니함은 나
의 가슴에 아픔으로 남아 있음을 네가
알아야 할 것이니,
20 내가 이 작은 성전을 너에게 지키라
함은 내가 너에게 준 선물이라 말하였
느니라.
21 네가 스스로 어렵고 힘든 길을 가고자
하며 내면과 외면의 너 자신을 다스려
가고자 하는 마음을 내가 알고 있음이
니, 네 마음이 한없이 갸륵하니,
22 내가 너를 바라보는 그 마음의 아픔을
너는 어찌 생각해야 하며,
23 나의 아들 예수를 그 고통스러운 길로
가도록 놓아둔 내가 오늘의 너희들이
살아가는 그 사악한 형태를 보고 무엇
을 느끼며 무엇을 생각하며 무엇을 아
픔으로 생각하겠는가?
24 네가 스스로 고통의 길과 고행의 길을
가며 내면과 외면의 그 자리를 바꾸고
자 하며 너를 다스려 가고자 하는 그
마음을 내가 아나니,
25 그러나 또한 노부모가 자식을 생각하
는 그 마음을 거역하지 아니함도 효성
인 것이니라.
26 사랑하는 선지자야!
27 "네, 여호와 하나님! 말씀하옵소서."
28 내가 너에게 크나큰 선물을 줄 것이니
라.
29 네가 오늘의 어렵고 힘든 길을 가고자
너 스스로 가는 그 길을, 네가 사랑하
는 너의 제자들의 어렵고 힘든 그 길
을 나 여호와 아버지가 열어 줄 것이
니라.

1,358 번째 하나님 말씀

2001년 5월 25일 07시 50분

1 사랑하는 선지자야!
2 "네, 여호와 하나님! 말씀하옵소서."
3 네가 누구며, 네가 무엇을 하고자 하
며, 네가 어떠한 능력을 갖고 있으며,

어떠한 은혜를 받았으며, 너 자신이
지금 서 있는 자리가 어떠한 자리인가
하는 것을 생각하지 말라.
4 아무것도 네가 알려 하지 말며 생각하
지 말라.
5 이는 다 네가 믿음이 약하기 때문이니
라.
6 내가 너에게 이르기를, 기도와 묵상과
나의 법전을 전하는 일 외에 아무것도
생각지 말라 하였음이니,
7 내가 너에게 이르기를, 모두를 다 버
리며, 경배하고 기도하며 묵상으로써
일관할 때 모두가 다 이루어짐이라 말
하였음이니,
8 불안해하지 말지니라.
9 내가 너에게 능력을 내려 주지 아니하
면 그 고령의 노인이 어찌 그리 뛰고
달릴 수 있겠는가?
10 눈에 보이는 큰 것만이 기적이요, 그
것만이 나의 은혜라 생각하는 자들이
수없이 있으나,
11 너희들이 받을 수 있는 그릇에 따라
내가 내림이니, 이를 깨우쳐야 할 것
이니라.
12 마음을 정진하여 기도하고 경배하며
나의 법전과 더불어 생활하는 그 속에
서 네가 아름답고 성스러운 마음으로
충만될 때, 나의 피조물 만백성이 너
를 찾아올 것이며 너를 따를 것이니
그리 알라.

1,359 번째 하나님 말씀

2001년 5월 25일 21시

(강론을 마치며)

1 사랑하는 선지자야!
2 "네, 여호와 하나님! 말씀하옵소서."
3 너희들이 세상에 나와 밝은 천지에 너
희들의 생명이라는 것을 유지하며 살
도록 나에게 은혜를 받은 그것만으로
도 너희들이 생명을 다 바쳐 나를 경
배하고 기도한다 해도 부족함이 없을
것이니라.
4 나로부터 너희들이 생명의 은혜와 은
총을 받아 세상에 나와 오늘날 이와
같이 살고 영위하는 그 자체를 갖고도
너희들은 모두를 나에게 바쳐도 아까
움이 없다 하는 뜻이니,
5 하물며 그와 같이 너희들에게 영광과
은혜를 베푼 나 여호와가 너희들에게
말하기를, 나의 계명을 지키며 사랑을
베풀며 남을 시기하지 말며 죄짓지 말
라 하였으니,
6 이를 시행하지 아니하며 지키지 못하
는 자가 천날 만날 기도하면 무엇하
며, 어떠한 것을 바친다 하여 그가 용
서를 받을 수 있겠는가?
7 오늘 모인 너희들은 여기서 하나를 더
깨우치고 가야 할 것이 있느니라.
8 너희가 생명을 받아서 나에게 오는 그
이상의 영광이 없듯이,
9 너희들이 지금까지 살아온 인생 중에
서 살다 나에게 와 심판을 받는다 하
면 너희들이 지옥 불에 떨어져 그 무
서운 죄를 다 감내할 수 없으며,
10 너희들의 인간사 백 년을 사는 것이

아니요, 영원히 사는 나의 나라에 와
서 너희들의 죄의 대가를 치르며 그
기나긴 세월을 살아갈 너희들이,
11 그와 같은 죄악 속에서 살아가도록 되
어 있는 너희 자신들이 오늘 나의 선
지자요, 나의 종을 찾아와 나의 음성
을 들으며 나의 법전의 소리를 너희들
의 가슴에 들으며 너희들이 그 지울
수 없는 죄악에서 구원을 받는다 하면,
12 너희들은 내가 세상에 생명을 내보낸
것 못지않은 소중한 시간을 갖고 있음
이니라.
13 너희들이 인생을 살아오면서 반백이
다 되도록 나 여호와가 있음을 몰랐다
하여도,
14 너희들이 인생을 정리하며 숙연히 죽
음을 기다리는 그와 같은 나이요, 쇠
진하고 탈진하고 지친 너희들이 지금
나 여호와의 음성을 들으며, 내가 하
늘에 있음을 알며, 내가 피조물 만백
성을 구하기 위하여 세상에 내보내는
나의 법전을 눈으로 보고 입으로 읽으
며 그를 강론하는 것을 듣는 은혜를
받음은
15 너희들의 머리를 베어서 나에게 바친
다 하여도 하나도 억울하며 아까움이
없는 마음이어야 할 것이니라.
16 너희들은 오늘 나의 법전을 읽고 나의
법전의 가르침을 듣고 나의 뜻을 가슴
에 새기며 나 여호와가 존재함을 믿고
하늘에 오르겠다고 다짐하는 그 마음
하나만 갖는다 해도 이 세상의 모든
것이 다 너희 것이며, 이 세상의 주인
이 바로 너희이니라.
17 수십억 나의 피조물, 나의 인간들이
하늘에 오르며 육신의 삶을 마치고 영
원히 사는 하늘나라에 와 영원히 살고
자 하나, 한 사람도 예외 없이 구원을
받을 수 없는 길에서 허덕이고 있다
하면,
18 그들의 삶 자체가 무엇이며, 그들이
가지고 있는 명예가 무엇이며, 그들이
가지고 있는 재물이 무엇이며, 그들이
소유하고 있는 모든 값진 것들이 무엇
이더냐?
19 다 백사장의 조개 알만도 못함이니,
20 그 많은 수십억 인구 중에 진정 하늘
에 오르는 길을 모르고 잘못 가고 있
는 중에서 너희들이 나의 음성을 듣고
정녕 하늘에 오르는 길에 서 있으며
하늘에 오르는 길을 보고 있다 하면,
이 세상 그 모든 것이 다 너희 것이 아
니고 누구 것이더냐?
21 정녕 소유할 자만이 소유할 수 있기
때문이니라.
22 이 세상 모두가 다 너희 것이니, 오늘
부터 너희들은 몸과 마음에 풍요로움
을 가져야 할 것이며, 나에게 감사하
는 마음을 가져야 할 것이니라.
23 나의 사랑하는 선지자는 다듬어지지
아니하였으며, 익지 않은 과일이며,
모든 사람들 앞에 내놓을 수 없는 자
이니라.
24 그러나 그 선지자를 믿고 그를 따르
며, 그가 하고 있는 이야기가 나의 음
성이요, 나의 메시지요, 정녕 나의 피
조물 만백성을 구하는 길이라 하여 너
희들이 이곳에 모였으니,
25 선지자가 세상에 나가 모든 사람들에
게 기적을 이룰 때 그를 따르는 자들

과 너희들과의 상이 다르며 너희들의
앉을 자리와 그들의 앉을 자리가 다름
이니라.
26 나의 법전을 전하고자 하며 나의 음성
을 전하고자 하는 너희들이야말로 너
희들이 나를 선택한 것이 아니요, 내
가 너희를 선택하였으니, 그보다 더
큰 영광과 은혜가 없음을 알아야 될
것이니라.
27 내가 오늘 너희들에게 하나를 말하느
니라.
28 한 바가지의 물을 퍼서 그 물을 다른
곳에 옮겨서 부어 보라.
29 그는 물이니라.
30 그 물을 높은 곳에서 쏟아서 그릇에
담아 보라.
31 그 또한 물이니라.
32 선지자를 따르고 나의 메시지를 전하
고 나의 법전을 전하며 나의 피조물
만백성을 구하는 너희들은 그와 같이
물이 되어야만 하느니라.
33 이곳에서 천 리 먼 길에 갖다 놓아도
그는 물이요, 하늘 높은 곳에서 쏟아
서 그릇에 담아도 그는 물이며, 그는
쏟고 다시 받아도 물이니라.
34 너희들이 바로 물과 같은 삶을 살아야
될 것이니,
35 오늘에 선지자를 따르며 가는 길이 그
와 같이 변함이 없는, 흔들림이 없는
영원히 따르는 제자요, 종으로서 가는
마음이 되어야 될 것이니,
36 너희들은 선지자를 따르는 나의 백성
이며, 나에게 오를 수 있는 물이니라.
37 너희들은 물과 같은 사람이 되어야 될
것이니,
38 그 물이 굳어지며 변질되어서는 아니
됨이니라.
39 나의 사랑하는 모든 피조물 만백성,
나의 법전이 있는 나의 성전에 앉은
너희들을 내가 사랑하며, 너희 이름을
기억하며, 이 자리에 모여 있는 너희
들의 이름을 내가 기억하고 있음이니,
너희들은 나의 에덴동산 낙원에 오를
수 있는 자들이니라.
40 다만, 너희들이 물이 되어야만 할 것
이니, 이를 명심하여 깨우쳐 실행하도
록 그리하라.

1,360 번째 하나님 말씀

2001년 5월 26일 07시 40분

1 사랑하는 선지자야!
2 "네, 여호와 하나님! 말씀하옵소서."
3 이제는 가야 할 길을 알고 있지 않으
냐?
4 네가 묵상과 기도로써 얻은 대로 시행
하라.
5 네가 어찌하여 지금 이와 같이 좌절을
하고자 하는가?
6 모두는 나의 주관이요, 나의 뜻에 이
루어짐이니, 좌절하지 말라.
7 네가 마음 아파하는 만큼 내 마음이
더 아프니,
8 모두는 나의 주관에 의해서 이루어짐
을 의심치 말라.
9 네가 묵상으로써 나에게 답을 원하면
그 답을 내가 다 줄 것이고 다 주고 있
거늘, 불안해하지 말라.
10 우선 네 불안한 마음부터 없애야 될
것이니라.

11 네 마음속에 불안함이 있으면 나에 대
한 믿음이 흔들리는 것이며, 어떠한
것도 이룰 수가 없음이니라.
12 가는 단계가 있음이니라, 그리고 일어
서는 길이 있음이니라.
13 선지자야, 여행을 가도록 하라.

1,361 번째 하나님 말씀

2001년 5월 27일 0시 40분

1 사랑하는 선지자야!
2 "네, 여호와 하나님! 말씀하옵소서."
3 하늘에 오르는 길은 선을 향하여 돌을
갈고 갈아 가루가 되고 물이 되도록
하는 그와 같은 변함없는 마음으로 행
하고 실천하여 가는 길이라 말하였음
이니라.
4 이제는 네가 열여섯 권의 성령을 나로
부터 받아 나의 법전을 세상에 냈으
니, 너보다 더 귀하고 소중한 자 없으
며 그 법전보다 더 소중하고 귀한 것
이 없음이니,
5 나의 법전이 피조물 만백성을 구원하
고자 함은 그보다 소중한 것이 없다
말하였으며, 또한 그를 인간으로서 받
아쓴 너보다 더 소중한 자 없다 하였
으니,
6 열차라는 것이 달리는 그 레일의 평행
선처럼 나의 성령의 법전 내용의 한
줄과 네가 행하여 가는 길의 한 줄이
같이 평행을 이루어야 할 것이며, 어
느 한 곳이 기울어서도 아니 됨이니라.
7 나의 성령으로써 기록된 열여섯 권의
법전이 책으로 기록되어 세상에 나왔
음이니, 그가 변할 수 없으며, 그 행실
이 험악해질 수 없으며, 그가 나의 성
령을 전하는 데 제 임의대로 전할 수
없음이니,
8 오로지 나의 뜻과 나의 생각만을, 나
의 성령만을 읽고 보고 깨우치는 자,
그대로 깨달을 것이니, 네 마음이 변
해서는 아니 되느니라.
9 다 똑같이 평행을 이루어서 가야 하
는 것을, 책은 그대로 시행하여 갈 수
있으나 네가 그리 가지 못한다 하면
이는 이루어지는 결과가 아무것도 없
음이니,
10 나의 성령이 변함없이 가듯 너의 마음
과 행동과 실천함이 변함없이 한 길을
가야 함이니,
11 그리하여 두 줄이 평행선을 이루어 그
레일을 철마라는 기계가 달릴 수 있는
기초가 되듯이 그와 같이 똑같이 가야
함이니,
12 인간인 네가 그와 같이 가기에 얼마나
어렵고 힘들겠는가?
13 이는 나의 성령으로 기록하여 전해진
나의 법전을 네가 가슴에 안고 읽고
깨우쳐 그를 행함만이 그 길을 갈 수
있음이니라, 선지자야!
14 네가 한 길을 갈 수 있도록, 나의 성령
의 법전과 똑같이 나란히 갈 수 있도
록 너를 다스려야 할 것이니, 이 어렵
고 힘든 길을 네가 가야 함이니라, 선
지자야!

1,362 번째 하나님 말씀

2001년 5월 27일 07시 40분

1 사랑하는 선지자야!

2 "네, 여호와 하나님! 말씀하옵소서."
3 나의 성령을 네가 가슴으로 받아 열여
섯 권의 법전으로 만들어 나의 피조물
만백성에게 높이 들고 '이것을 읽고
깨우쳐 하늘에 오르라. 이것이 우리
하나님의 뜻이며, 그의 말씀이며, 그
가 생각하는 것이며, 그의 피조물인
모든 우리 만백성을 구하는 근본이 여
기 있음이니라.' 하고 소리쳐 높이 외
치나,
4 그 음성을 듣고 나의 법전을 읽고 깨
우치는 것이 계란으로 바위를 깨는 것
보다도 더 힘들고 어려움이니,
5 바위는 계란에 맞고 맞으면 닳고 닳아
구멍이 뚫리나, 인간의 마음은 생각하
는 것이 있으며 저희들의 아집이 있으
며 나름대로 그가 가고자 하며 그만이
구원의 길이라 하는 그 철옹성 같은
마음이 점점 굳어짐이니,
6 두드리면 두드릴수록 그 마음이 굳어
짐이니, 그 마음을 열 수 없음이니라.
7 그와 같은 마음을 열고 그들이 나의
법전을 읽고, 수천 년 동안 온 성서의
가르침이 잘못되었고 저희들이 잘못
되었으며, 이는 정녕 저희 하나님의
말씀이요, 그의 법전이요, 그의 성령
이라 말할 수 있는 것은 나의 법전에
기록된 그 모든 내용대로 네가 실천함
만이 남았느니라.
8 네가 나의 법전대로 실천해야 됨을 깊
이 깨우쳐 이를 행하는 길만이 역사에
길이길이 남을 것이며, 너희 자손 대
대 나의 법전을 보고 읽고 깨우쳐 하
늘에 오르는 길을 깨달을 것이며,
9 수천 년 역사 동안 성서를 읽고 공부
하고 깨우친 자들처럼, 그보다 백배
천배 많은 나의 피조물 만백성이 대대
손손 나의 법전을 읽고 깨우쳐 하늘에
오를 것이니,
10 그는 네가 시행하고 행동한 그 공적이
나의 법전보다도 더 그들의 입에서 입
으로 전해지는 역사가 이루어지도록
해야 할 것이니,
11 너는 나의 깊은 뜻을 깨우쳐야 할 것
이니 그리 알라, 선지자야!
12 그리하여 너를 나의 선지자라 명하였
으며 나의 종이라 명하였으며, 나의
아들과 같은 자라 말하였으며, 세상에
너보다 더 소중하고 귀한 자 없다고
내 입으로 너에게 전하여 말하였으니,
그 뜻이 여기 있음이니,
13 너는 그리 변화될 것이니 그리 어서
깨우쳐 행하도록 할 것이니라, 선지자
야!
14 내가 너를 사랑하며 너에게 기대하며
너를 기다리나니, 그리 알라.

1,363 번째 하나님 말씀

2001년 5월 28일 07시 20분

1 사랑하는 선지자야!
2 "네, 여호와 하나님! 말씀하옵소서."
3 이 세상 모두가 다 변하며 이 세상 모
두에 종말이 온다 하여도 나의 성령인
이 법전은 존재함이니라.
4 이 지구상에 생명을 갖고 있는 나의
창조물인 너희들이 존재하는 한 나의
법전은 존재함이니라.
5 너희들 말에 '단 것은 독이 되며 쓴 것
은 약이 된다.' 하여 듣기 좋은 말은

너희들의 귀에 들리지 아니하며 아부
하며 아첨하는 말은 너희들 귀에 단
것처럼 들리듯이,
6 수십억의 나의 피조물 만백성이 얽히
고설켜 죄악 속에 살아가니, 그들에게
하늘에 오르는 빛이라 하여 횃불을 저
희 손에 쥐여 주고자 하나 이를 들지
아니하고 보지 아니하며,
7 횃불을 밝혀 밝은 세상을 가며 하늘에
오르는 길에 오르라 말하나 그들은 진
흙탕 암흑 속에서 허덕이며 사는 것이
저희들의 근본이요, 즐거움이라 하니,
그들이 어찌 나의 횃불을 들려 하겠는
가?
8 사랑하는 선지자야!
9 "네, 여호와 하나님! 말씀하옵소서."
10 너는 깜깜한 진흙 속에서 아비규환처
럼 싸우는 그들에게 하늘에 오르는 이
횃불을 들려 줘야 할 것이니, 그것이
너의 대명이니라.
11 이제는 너희들이 알 것이니라, 진흙
속의 캄캄한 암흑에서 길을 모르고 헤
매는 그들에게 횃불을 들려 줘 광명천
지 길을 밝혀 준다 하여도 그를 싫다
하는 자들이니, 그들을 구원하며 그들
을 하늘에 오르게 하는 것이 얼마나
어렵고 힘든가를.
12 이는 한 사람의 설법으로도 이룰 수
없으며, 나 여호와가 직접 세상에 내
려가 내가 너희들을 창조한 여호와라
하여 기적을 이룬다 하여도 그들은 기
적을 이룬 것만큼 나에게 돌팔매질을
할 것이니,
13 이를 나의 법전이라 하여 책으로 만들
어 나의 백성을 구하고자 하는 그 길
밖에 없음이니라.
14 그리하여 나의 성령을 가슴으로 받아
기록하는 자를 선택하였음이니, 네가
바로 선택된 나의 선지자며 나의 종이
니라.
15 나의 법전이요, 나의 성령을 인간을
통하여 기록하지 아니하면 전할 수 없
음이니, 그리하여 네가 선지자로서 선
택되었으며 내가 미리 너에게 훈련을
시켰음이니라.
16 너 또한 인간의 습성이요, 인간의 삶
속에 젖어 있어 그 형태를 벗어날 수
없기에, 네가 그를 벗어날 수 있도록
나에게 선택되어 훈련되어 왔으며, 나
의 선지자이니라.
17 나를 믿으라.
18 나를 믿으라, 그리고 기다리라.
19 먼 곳에 있는 자에게 전하기 전에 가
까운 이웃에 있는 자들부터 전하라.
20 나의 음성의 테이프와 책들을 네 주변
에서부터 전하라. 어찌하여 그 이치를
깨우치지 못하는가?

1,364 번째 하나님 말씀

2001년 5월 29일 07시 40분

1 사랑하는 선지자야!
2 "네, 여호와 하나님! 말씀하옵소서."
3 인간사 너희들이 말하기를, 물과 같이
흐르는 그 세월을 막을 수 없다 말하
며, 그 세월을 되돌려 놓을 수 없으며
되돌아갈 수 없는 것이 너희들의 인생
이라 말하느니라.
4 가는 세월을 되돌려 놓으며 살아온 인
생을 되돌려 살 수만 있다 하면 얼마

나 착하고 선하며 아름다운 인생을 살
겠는가?
5 그러나 너희들은 가는 세월을 막을 수
없으며 되돌려 놓을 수 없기에 지난
과거를 반성하며 회개하며 오늘의 삶
을 거울에 비춰 보아 사는 것이 너희
들의 인생의 삶이니라.
6 그러나 여기서 되돌리지 아니하며 과
거를 보지 않고 과거의 뉘우침을 깨닫
지 아니하며 과거의 잘못을 깨달아 오
늘의 삶을 바로잡지 못하는 것이 하나
있으니,
7 이게 바로 너희들이 나 여호와를 향하
여 믿음의 길을 가 하늘에 오르겠다
하여 수천 년 가르쳐 온 종교 지도자
들의 가르침이니라.
8 모든 인간이 살아가면서 과거를 뒤돌
아보며 자기의 잘못 삶을 후회하고 반
성하는 것이며, 그리고 그것을 거울삼
아 깨우치고 반성하며 살아가고자 하
나,
9 수천 년 동안 구약과 신약 성서를 갖
고 하늘에 오르는 길이 어떠한 것이라
너희들이 깨우치고 가르친 그 방법은
역사가 흐르고 흐르면서도 반성이 없
고 뒤돌아봄이 없으며 후회하는 것이
없음이니,
10 오늘날 그러기에 잘못된 가르침과 잘
못된 깨우침을 가지고 계속 전진하는
그들은 그 바탕 위에 사악함이 더 높
아지며, 악랄한 방법과 사악한 방법으
로써 모두를 동원하여 점점 나의 피조
물 만백성을 사악한 곳으로 인도하고
오늘 이와 같이 된 것이 그들의 죄이
니,
11 내가 나의 사랑하는 피조물 만백성을
우롱하며 희롱하며 그와 같은 길로 끌
고 가는 그들을 더 이상 볼 수 없어 나
의 성령을 담은 열여섯 권의 법전을
내려보내 세상의 나의 피조물 만백성
을 직접 구하고자 하며,
12 잘못 가르치며 잘못 오면서도 반성과
회개를 하지 못하는 그들의 문을 닫게
하고자 하는 나의 뜻이 여기 있음이니
라.
13 사랑하는 선지자야!
14 "네, 여호와 하나님! 말씀하옵소서."
15 이제는 네가 깨우침이 높고 생각함이
바르며 네가 가고자 하는 그 길을 알
고 있음이니, 내가 너를 내려다보기를
아픈 마음으로 오늘 너를 내려다봄이
니,
16 내가 너에게 안식처를 줄 것이며 네가
편안히 나의 법전을 전하며 만백성의
기본과 근본이 되어 살아갈 수 있도록
내려 줄 것이니라.
17 조금도 염려치 말라, 선지자야!

1,365 번째 하나님 말씀

2001년 5월 30일 08시 10분

1 사랑하는 선지자야!
2 "네, 여호와 하나님! 말씀하옵소서."
3 내가 너에게 일렀느니라.
4 모든 사람들과 갑론을박을 하지 말고
옳고 그름을 따지지 말며 나의 법전을
읽고 깨우친 자와 네가 만나라 하였으
니,
5 찾아오는 자 중에 책을 읽은 자만을
네가 만날 것이며, 책을 읽지 아니한

자는 너의 제자들이 만나 이리 이르라
하라.
6 '하나님의 법전을 읽고 깨우치고 오
라.' 그리 그 이상의 말을 앞으로 하지
말라.
7 어떤 누가 오든, 나의 법전을 읽고 깨
우친 자만을 네가 만날지어다.
8 나의 법전을 읽지 아니한 자를 네가
만나서는 아니 됨이니라.
9 귀한 것을 줘도, 그들은 귀한 것을 줄
줄을 모르니 받을 줄도 모르며, 귀한
줄 모르느니라.
10 그게 나의 피조물 인간들의 습성이며
그들이 가지고 있는 마음 자세이니라.
11 귀한 것을 값지게 줘야 하나니, 너는
일절 나서지 말라.
12 그리고 묵상과 기도로써 내린 답만 너
의 제자들에게 전하도록 하라.
13 나의 기도요, 나의 묵상에 대한 내가
너에게 내리는 나의 성령을 너의 제자
들에게만 전할 것이며, 나의 법전을
읽지 아니한 자에게 직접 전하는 우를
범하지 말라.
14 이는 너의 제자들이 다스려 나갈 길이
니라.

1,366 번째 하나님 말씀

2001년 5월 31일 07시 40분

1 내 사랑하는 선지자야!
2 "네, 여호와 하나님! 말씀하옵소서."
3 길이 아니면 가지를 말라.
4 만백성 나의 피조물들이 그들의 눈을
부라려 뜨며 너를 보고 있음이니,
5 그들을 말로써 다스리려 하지 말며,
말로써 너를 따라오도록 하지 말며,
6 모든 행동으로써 그들이 너를 따르도
록 하라.
7 네가 벗은 몸으로 기도하는 형국이 되
어야 하겠는가?
8 오늘부터 길이 아니면 가지를 말며 생
각을 하지 말지니라.

2001년 6월

1,367 번째 하나님 말씀

2001년 6월 1일 08시

1 선지자야 들으라.
2 "네, 여호와 하나님! 말씀하옵소서."
3 나의 피조물, 나로부터 선택된 나의
종들이 오늘 모일 것이니, 그들에게
하나의 증표를 내리도록 하라.
4 증표를 정하여 나의 피조물 만백성임
을 증명하며, 그들의 주소, 성명을 기
록하여 장부를 만들어 보존하도록 하
라.
5 이제는 나의 법전을 전할 전사들을 구
분할 때가 되었으며 구분하고자 함이
니, 이를 명심하여 시행하도록 하라.

1,368 번째 하나님 말씀

2001년 6월 1일 21시

(강론을 마치며)

1 사랑하는 선지자야!
2 "네, 여호와 하나님! 말씀하옵소서."
3 너희들이 백 마디 천 마디를 하고 천
가지 만 가지를 생각해도 모든 것을
너희들의 육신의 그 키에서 벗어날 수
없음이니, 너희 몸 안에서 이루어지고
너희 몸 안에 생각하는 것이니라.
4 너희들은 오늘 이것을 알라.
5 나 여호와가 여기에 참석한 너희들의
죄를 다 용서해 줌이니, 이 말 한마디
로써 너희들은 아무런 말도 하지 말며
생각도 하지 말라.
6 너희들이 생각하고 연구하는 것은 너
희들의 육신 안에서 이루어지는 것이
며 너희 머리 안에서 이루어짐이니,
7 날아다니는 새 한 마리가 어찌 나는지
그 깊이도 모르고 벌레 한 마리가 어
찌 날아가며 그가 어떤 능력으로 날아
가는지도 모르는 너희들이 너희 그 육
신 안에 있는 생각으로, 너희들의 머
리로 평가하고 생각하려 하지 말라.
8 오늘 나의 성령으로써 너희들의 죄를
다 사해 주며,
9 여기에 참석한 나의 백성 너희들이 지
금까지 지은 그 죄를 차곡차곡 종이에
써서 쌓는다면 너희 키보다도 더 많이
짓고 일어설 수 없는 그 죄의 죄목을
내가 다 불로 태워 너희들을 용서하여
줌이니,
10 이것 외에 너희들은 더 이상 아무것도
생각하지 말지니라.
11 나에게 감사한 기도를 드리라.
12 너희 마음속에 '여호와 하나님! 감사
합니다. 저의 죄를 용서하여 주옵심을
감사합니다.' 하는 그 외의 이야기를
하지 말라.
13 네 앞에 날아가는 파리가 어찌 날아가
고 무엇을 어찌 먹고살며 어떤 힘으로
그리 날아다니는지 그 자체도 모르지
않느냐?
14 너희들은 내가 선택한 백성이니라.
15 내가 너희들을 선택함으로 너희들이
가지고 있는 능력이 이 세상을 다 덮
을 수 있는 힘이 있음이니 그리 알라.

16 내가 너희들에게 말하여 일렀듯이, 평
생을 믿음이라는 것을 가지고 성서에
손을 얹고 기도를 하며, 수없이 밤잠
안 자며 새벽 기도라는 것을 드리는
그들 중에 나의 음성을 듣고 나의 메
시지를 받은 자가 정녕 얼마나 있더냐?
17 없다 하였느니라.
18 그러나 나의 음성을 너희들이 항상 물
을 마시듯이 내 선지자 앞에 왔을 때
듣고 이를 깨달음이니, 너희들은 이것
하나만으로 구원의 길이 무엇인가를
알고 있음이니라.
19 어려서부터 성서를 놓고 공부하였으
며 성서로써 살아왔으며 하나님, 주
안에 살았으며 모든 것은 여호와 하나
님의 은혜와 은총이라 말하는 사람들
도 그 깨우침이 저희들의 키를 넘지
못하며 저희들의 머리를 넘지 못함이
니라.
20 내가 말했듯이 그들은 날아다니는 벌
레들의 그 이치를 모르나 너희들은 오
늘부터 그 벌레가 어찌 나는지 그 이
치를 연구하고 생각하는 자들이 되었
음이니,
21 이게 바로 나의 가르침이요, 나의 깨
우침이며, 만백성이 따를 수 없는 너
희들만이 받는 은혜와 은총이며 혜택
인 것이니라.
22 너희들은 그와 같이 전진해 나가느니
라.
23 너희들은 그와 같이 깨달아 나가는 것
이니라.
24 너희들은 남들이 생각할 수 없는 세계
에 지금 도래하며 그곳에 진입하고 있
음이니라.
25 너희들은 첫째, 나 여호와가 존재한다
는 것을 믿고 있으며, 나 여호와가 무
엇을 원하는가를 알고 있으며, 너희들
이 열여섯 권의 법전을 읽고 또 읽어
세 번을 읽었을 때 너희들은 너희도
모르는 사이에 천사가 되어 있음을 깨
우쳐야 할 것이니라.
26 실천하라, 그리고 행하라.
27 너희들의 행함만이 남아 있느니라.
28 아무리 너희들이 주옥같은 나의 음성
과 나의 메시지를 들으며 메모를 하고
너희 것으로 만들고자 하여도, 실천하
지 아니하면 아니 됨이니라.
29 내가 너에게 말하였느니라.
30 열흘을 굶은 호랑이가 앞에 살아 있는
토끼를 먹지 않을 수 없다고 하였느니
라.
31 그러나 그것을 잡아먹지 않는 인내가
필요하듯이, 그보다 더 무섭고 깊은
너희들의 깨달음과 인내가 필요하니
라.
32 그 길이 아니면 나를 볼 수 없으며 나
의 음성을 들을 수가 없음이니라.
33 너희들이 갈증이 나 죽어 가는 그 순
간에 나로 하여금 너희들에게 앞에 있
는 물을 마시지 말라 하였을 때,
34 너희들이 목숨은 던져도 그 물그릇에
손도 대지 아니하며 그를 마시고자 하
는 생각마저 하지 아니하는 것이 나의
종이요, 나에게 순종함이니라.
35 그 물을 마시지 않는 것이 나에게 순
종하는 것이 아니니라.
36 그 물을 보면서 너희들의 혀를 다스리
며 너희들의 혀로써 그 물을 마시고자
하며 너희 목으로 넘어가는 그 물이

시원하고 너희 생명을 살릴 수 있는
그 생명수라는 그 자체도 생각하지도
아니하는 것이, 그것마저도 너희 머릿
속에서 지워 버리는 것이 나 여호와에
게 순종하는 길이니라.
37 너희를 사랑하노라.
38 나의 음성을 직접 듣고 나의 메시지를
듣고 나의 선지자의 손을 만지며 나의
선지자와 형제같이 살아가는 너희들
이 나의 계명을 어기지 않고 죄를 짓
지 아니하고 도적질하지 아니하고 거
짓말하지 아니하고 남에게 비굴한 짓
하지 아니하며 질서를 파괴하는 일을
하지 아니함을 지키지 못한다면,
39 수십억 나의 피조물 백성들은 한 사람
도 지킬 수 없음이니라.
40 너희들부터 지켜 나가야 될 것이니라.
41 사랑하는 나의 종, 여기에 모인 너희
들은 뼈를 깎는 아픔의 열배 백배를
더 반성하고 깨달아,
42 질서를 파괴하지 않고 남에게 도덕적
으로 부끄러운 일을 하지 아니하며 남
들이 보지 않는 곳에서 너희 마음에
부끄러운 행위를 하지 않고자 갈고 닦
는 그 마음만이 너희들이 가질 수 있
는 길이니라.
43 어찌하면 되겠느냐?
44 나의 사랑하는 예수를 세상에 보내 그
가 피 흘려 죽어 가는 그 고통을 겪으
며 삼 일 만에 부활하여 너희들에게
기적을 보였지만,
45 지금 나의 피조물 만백성은 어찌 살아
가며, 그를 빙자하여 가르치는 자들은
과연 어찌 살아간다 말하느냐?
46 그것도 잘못됐으며, 가르치는 자도 잘
못됐으며, 배운 자도 잘못되었으며,
지금의 깨우치고 살아온 나의 피조물
만백성이 다 잘못 살아가고 있음이니,
47 여기에 하나의 씨앗을 뿌렸음이니라.
48 너희들이 그 씨앗의 가지요, 열매이니
라.
49 하나의 하늘에 오르는 길을 아는 선지
자의 씨앗을 뿌렸으나, 그 선지자가
가는 길에 가지요, 뿌리인 너희들이
바로 서지 못한다 하면 어떠한 나무도
지탱하며 살 수 없음이니라.
50 어찌해야 되겠느냐?
51 인간으로서는 지킬 수도 없고 갈 수
없는 그 길을 가라 함이니, 너희들은
나 여호와를 어찌 생각하며 원망하지
않겠는가?
52 너희들에게 시뻘겋게 단 그 불바다를
걸어가라 할 때, 너희들의 육신은 타
고 문드러질 것이니라.
53 그러나 타고 문드러진 그 대가로 너희
들이 영원히 사는 모습으로써 내 옆에
와 살 것이니, 이를 깨우치는 자만이
나의 뜻을 지킬 것이니,
54 그 가시밭에 육신을 가진 예수가 고통
의 길을 가지 않도록 수십 번 나에게
눈물을 흘리며 수없이 드린 그 기도를
내가 들어주지 아니하였으며, 그리하
여 그의 죽음으로 하여 너희들을 깨우
치고자 하였으나,
55 이제 그를 보고도 깨우치지 못한 나의
피조물 만백성을 위하여 나의 가슴을
태워 나의 성령이요, 나의 뜻의 모두
를 담아 마지막으로 나의 선지자에게
전하는 이 메시지요, 이 법전을 듣고
깨우치는 너희들이 과연 어찌하여야

되겠는가?
56 지켜 주라, 나의 종들아.
57 그리고 그 길을 가 달라, 나의 종들아!
58 너희만이 이 지상에서 낙원을 만들 수 있는 종들이니라.
59 너희들은 나의 아들 예수의 그 고통을 들어주지 않은 나 어버이의 이 아픈 가슴에 눈물을 흘리지 않도록 하라.
60 나를 울리지 말라.
61 수십 번 그 고통 속을 가지 않겠다고 운 그 예수의 울음소리를, 그 기도 소리를 들은 나 여호와를 또 한 번 너희들은 울리지 말지니라.
62 너희들은 승자이니라.
63 내가 너희들의 모든 고통을 다 이루어 줄 것이며 들어줄 것이니라.
64 너희들의 마음을 비워라, 그리고 너희들 가슴에 항상 나의 법전을 안고 다녀라.
65 그 길만이 너희들의 마음이 흔들리지 않을 수 있는 길이며, 너희들이 구원받을 수 있는 길이니라.
66 나 여호와를 울리지 말라.
67 내가 직접 세상에 나가 '내가 여호와니 나를 따라 하늘에 오르라.' 하여도 그들이 흉악한 무기로 나를 처단할 것이니라.
68 나를 갈기갈기 처단할 것이니라.
69 그 속에서 내가 내려왔다 하여 처단하지 아니하고 나를 영접할 사람은 너희뿐이니라.
70 너희는 선지자를 따르고 나의 법전과 나의 이 성령의 율법을 따르고자 하는 자들이기 때문이니라.
71 지나가는 걸인이 와 '내가 여호와라.' 하고 너희 앞에 말하면 너희들은 고개 숙여 경배할 것이니라.
72 이 자리에 들어온 그는 나 여호와 하나님이라고 너희만이 믿을 수 있는 자들이니,
73 60억 인구 중에 나에게 선택된 자들은 너희뿐이니, 나의 이 깊은 뜻을 너희들이 깨달아 실행하도록 하라.

1,369 번째 하나님 말씀

2001년 6월 2일 07시 45분

1 사랑하는 선지자야!
2 "네, 여호와 하나님! 말씀하옵소서."
3 네가 나의 뜻에 따라 변하고자 하는 그 노력함을 나는 알고 있음이니라.
4 너를 따르는 너의 제자들과 나의 법전을 읽고 깨우쳐 네 앞에 와 기도하는 자, 너와 더불어 한평생을 같이하고자 하는 자, 나의 성령을 가슴에 새기고자 하는 자들이 하나 지켜야 할 것이 있음이니라.
5 너의 제자라 말하며 네 앞에 와 나의 법전을 공부하는 자 중에 너를 의심하고 너를 음해하며 너를 시기하는 자, 그는 용서받지 못할 것이니라.
6 모두는 나의 뜻이요, 나의 주관하에 이루어지며, 너를 벌하거나 벌하지 아니하거나, 나의 법전을 세상에 전하는 강론을 하게 하거나 하지 못하게 하는 그 모두가 나의 뜻에 있음이니,
7 네 앞에 와 순종하는 자, 네 뜻을 따르는 자, 너와 더불어 가는 자, 나의 법전을 읽고 눈물 흘리는 자가 돌아서서 너를 의심하고 너를 시기하며 너를 모

함하는 마음을 가진다면, 그것은 멸망을 자초하는 길이며 그는 일어서지 못함이니라.
8 속과 겉이 다른 그 마음은 너의 제자로서 자리를 지킬 수 없으며 속과 겉이 다른 자는 정녕 나의 종이 될 수 없음이니, 나의 백성이 될 수 없음이니라.
9 나의 피조물 만백성으로서 나의 뜻을 수행하는 자라 할 수 없느니라.
10 내가 너희들을 종이라 부르는 것은 나의 뜻을 수행하는 제자라는 뜻이니,
11 상하 관계요, 상하의 차이가 아니니라.
12 내가 너희를 종이라 부름은 너희를 사랑하며 너희들이 선택된 나의 제자들이기에, 나의 대명을 이루는 자들이기에 너희를 사랑하여 부르는 이름이니라.
13 그 단계를 넘어서 나의 백성이요, 나의 제자란 소리를 듣는 자는 천사와 같이 아름답고 맑은 자들만이 들을 수 있음이니라.
14 너를 의심하는 자는 용서할 수 없으며, 그는 내 앞에 올 수 없음이니라.
15 너를 따르며 나의 법전을 자기의 생명보다도 더 소중히 가슴에 안는 자들을 비방하고 모함하는 자 또한 내 성전에 올 수 없음이니, 내가 단죄함이니라.
16 이를 너희들이 깊이 깨우쳐야 할 것이니라.

1,370 번째 하나님 말씀

2001년 6월 3일 06시 20분

1 사랑하는 선지자야!
2 "네, 여호와 하나님! 말씀하옵소서."
3 광야의 넓은 사막에서 한평생을 허덕이며 많은 고생 속에서 기다렸던 그 민족들은 나의 낙원에 오기 위해 그 많은 세월을 인내하고 고통 속에 살아오면서 한순간을 넘기지 못하여 우상을 섬기는 그와 같은 행위를 하며 나를 저주하였음이니라.
4 그들이 일순간 생각의 잘못으로 긴 세월, 평생 동안 살아온 그 세월 속에 나에게 오고자 했던 그 기다림이 다 수포로 돌아가는 그와 같은 행위를 할 수 있었음이니,
5 순간의 삶의 쾌락 때문에, 육신의 쾌락과 정신의 쾌락 때문에 긴 세월 동안 고생과 고통의 길을 걸어온 그들이 한순간에 그 마음을 무너뜨리지 아니하였다면 그들은 나의 낙원에 올 수 있었음이니라.
6 사랑하는 선지자야,
7 나의 피조물 만백성이 하늘에 오르지 못함은 그와 같음이니라.
8 그와 같은 모든 길을 벗어나, 그리고 한순간에 인간의 욕심과 향락의 즐거움과 그 고비를 넘지 못하여 길고 긴 세월의 살아온 삶을 다 버리는 그것이 내가 만든 나의 피조물 만백성이 갖고 있는 심성이니라.
9 너는 너의 제자들에게 이르라, 한고비의 마음을 다스릴 수 있음이 하늘에 오를 수 있는 길이라는 것을, 순간순간의 인간의 욕심을 이길 수 있고 인내할 수 있는 그 길만이 영원히 사는 나의 나라에 올라올 수 있음을.
10 나의 피조물 만백성에게 그 흔들리는

마음을 바로잡을 수 있는 깨우침을 전
해야 할 것이니라.

1,371 번째 하나님 말씀

2001년 6월 3일 23시

1 사랑하는 선지자야!
2 "네, 여호와 하나님! 말씀하옵소서."
3 사람이 많이 배우고 학식이 많다 하여
고고한 인격과 인품을 갖추고 사는 것
은 아니니라.
4 공부라는 것을 하지 아니하여도 천성
이 아름답고 고운 자 있고 인품을 갖
추고 사는 자가 있으며 또한 나름대로
한 시대를 남부럽지 않게 살아가는 자
들이 있으니,
5 인격과 배움과는 아무런 관계가 없음
을 너는 알아야 할 것이니라.
6 고고한 인품의 인격체로서, 남들이 네
눈빛을 바로 바라볼 수 없을 것 같은
그와 같은 열정의 모습이 선지자가 가
야 할 길이니라.
7 이제 네가 보지 않더냐?
8 주일이라, 안식일이라 하여 분단장하
며 믿음이라는 곳에 모여드는 그 형상
을 보지 않더냐?
9 바쁜 걸음 동동 구르며 좌우도 보지
아니하고 저희들이 믿고 있는 그 종파
에 나에게 경배하며 기도하기 위하여
모여드는 모습을 너는 보지 않느냐?
10 분단장하며 바쁜 걸음으로 가는 그들
에게 나의 법전을 그저 보고 싶은 대
로 갖다 보라 하여도 그를 돌아다보지
아니하고 외면하며 걸어가는 그들의
불쌍한 그 모습을 너는 보지 아니하였
더냐?
11 그 나의 피조물 만백성을 구원하는 길
은 이제는 네가 누구도 범할 수 없는
고고한 인품과 인격을 겸비하며, 네
생활에 한 점의 부끄러움이 없는 삶이
영위되는 것이며,
12 그것만이 네가 가야 할 길이며 지켜야
할 일이니라.
13 분단장하며 저희들이 성서를 옆에 끼
고 바쁜 걸음 동동 구르며 가는 모습
을 볼 때, 과연 너는 어떻더냐?
14 너에게 한 번 시선을 주지 아니하고
외면하며 가는 그들에게 철옹성과 같
은 그들 나름대로의 믿음을 향하는 것
이 정녕 잘못된 길이라 부르짖을 때,
그들이 네 음성에 귀를 기울이겠는가?
15 그들이 너의 음성에 귀 기울이고 네가
부르짖는 그 음성을 들으며 너를 따르
도록 하는 것은 너의 행동에 달렸음이
니,
16 이 어렵고 힘든 고비를 너는 넘겨야
할 것이니 그리 알라.

1,372 번째 하나님 말씀

2001년 6월 4일 06시 40분

1 사랑하는 선지자야!
2 "네, 여호와 하나님! 말씀하옵소서."
3 사람에게는 습관이라는 것이 있느니
라.
4 너희들이 이야기하는 버릇이 있지 않
으냐?
5 인간은 버릇이나 습관을 반복하고자
하는 그 마음 때문에 자기 자신을 다
스리지 못하며 자기를 주체 못 하는

일이 생기느니라.
6 그러기에 사람은 어떠한 습관과 어떠
한 행동으로써 자기를 다스려 나가느
냐가 중요함이니,
7 잘못된 습관이나 버릇을 갖게 되면 자
신도 모르는 사이에 그를 반복하고 또
반복하여 그 속에 빠지게 되며 그를
지우기가 힘이 드느니라.
8 그러니 네가 살아가면서 만백성의 귀
감이 되며 너를 보고 하늘에 오르는
길이 있음을 깨우치고자 하기 위해서
는 네가 해서는 안 되는 버릇을 해서
는 아니 됨이니라.
9 그러니 습관을 들이지 말라 함이니라.
10 아예 그와 같은 행위를 하지 아니함으
로 너 자신을 다스려 나감이 소중함이
니라.
11 너희 인간은 반복하는 습성이 있으며
자신도 모르게 그 행위를 하게 되어
있음이니,
12 그래서 내가 너에게 말하기를, 한 번
행동하기를 천 번 만 번 생각해서 행
동하라 함이니라.
13 너 자신이 행동하며 행함에 있어서 그
게 머릿속에 그리워지며 그것을 생각
하게 됨이니, 그리하여 혼탁한 죄의
뿌리를 행하게 됨이니라.
14 이를 너의 제자들에게 깨우쳐 주라.
15 아예 잘못된 행위와 잘못된 생각은 머
리에서 생각하지도 말고, 몸으로 행하
여서도 아니 된다는 것을 일깨워 주도
록 하라, 선지자야!

1,373 번째 하나님 말씀

2001년 6월 5일 03시 50분

1 사랑하는 선지자야!
2 "네, 여호와 하나님! 말씀하옵소서."
3 너희들의 말에 있기를, '아무리 구슬
이 좋아도 꿰어야만 보배'라는 말이
있지 않더냐?
4 아무리 깨달음이 높으며 하늘에 오르
는 길과 가는 길이 무엇인가를 알며
나로부터 메시지를 받아 나의 성령을
만백성에게 전하고자 해도,
5 그를 실천하고 전하는 너희들이 행함
과 실천함의 그 중요함이 거기에 있느
니라.
6 아무리 생각함이 높고 깨달음이 높다
하여도 실천함이 그에 따르지 못하면
구슬을 꿰지 않아서 제구실을 하지 못
하는 것과 마찬가지니,
7 나의 뜻을 실천하고 실행함이 으뜸인
것이니라.
8 생각은 앞에 가며 말은 앞에 가나 행
동이 그와 같이 따르지 못한다 하면
구슬을 꿰지 못함과 같음이니라.
9 너는 너의 제자들, 나의 법전을 읽고
깨우치는 자, 나의 성전을 찾아오는
자들에게 몸과 마음을 다스려 행함이
일치해야 된다는 것을 깊이 깨우쳐,
10 그들이 세상에 나가 나의 피조물 만백
성에게 전하기를, 깨달음이 있으며 생
각이 있으면 그를 실천에 옮김이 중요
하고 소중하니 그를 실행하는 자만이
십계명을 지킬 수 있다 말할 수 있으
며,
11 세상사 살면서 죄를 짓지 아니하고 살

수 있는 깨달음을 얻을 것이니 실행함
을 소홀히 하지 아니하도록 이를 깨우
쳐야 할 것이니라.

1,374 번째 하나님 말씀

2001년 6월 6일 07시 10분

1 사랑하는 선지자야!
2 "네, 여호와 하나님! 말씀하옵소서."
3 나의 피조물 만백성이 다 같이 한 세
상 한 시간을 살아가도, 준비되고 계
획된 삶을 사는 사람과 그저 생각나는
대로 무질서한 삶을 사는 사람과는 하
루의 삶이 차이가 나며, 10년 또는 평
생 살아오는 삶의 그 차이는 말할 수
없이 커지는 것이니라.
4 나의 피조물 만백성을 구원하는 너희
들은 모든 삶에 준비된 삶을 살아야
될 것이며, 모든 행동에 있어서 준비
된 행동을 해야 함을 잊어서는 아니
되느니라.
5 준비된 삶이요, 계획된 삶을 사는 자
는 나의 뜻에 의하여 사는 자며, 그렇
지 아니한 자는 나의 뜻을 기억하지
아니하며 생각지 아니하며 사는 자니,
얼마나 멀고도 먼 거리가 생기는 삶을
사는 것이냐?
6 그리하여 내가 기도하고 묵상하라 함
이니라.
7 특히나 나의 법전이요, 나의 성령의
뜻을 받아 기록하고 사는 너는 모든
삶이 준비되고 계획된 삶을 살아가야
하느니라.
8 내가 너에게 이르기를, 가장 작은 거
짓말을 죽음과 같이 생각하며 살라 말
하였듯이,
9 너의 움직이는 모든 행동이 다 준비된
삶 속에서 살아가야 함을 기억하고 그
리 실행하도록 해야 할 것이니라.

1,375 번째 하나님 말씀

2001년 6월 7일 07시 30분

1 사랑하는 선지자야!
2 "네, 여호와 하나님! 말씀하옵소서."
3 너만의 시간을 가지라.
4 너만의 시간을 가져 보면 깨달음이 있
을 것이니라.
5 오늘 너를 위하여 사람이 찾아오거든,
너를 만나고자 오는 사람들에게 그리
말하라.
6 이 법전의 내용들은 네 머리요, 네 생
각으로써는 쓸 수 없는 것이라, 네가
꾸미고 연구하고 생각해서는 쓸 수 없
는 말씀들이 기록되어 있음이니 넌들
어찌해야 되겠느냐고 그들에게 물어
보라.
7 너 또한 네 마음이 흔들릴 때마다 나
의 법전의 구절구절 그 내용들을 과연
네가 기록할 수 있으며, 네가 만들어
낼 수 있으며, 네가 생각해 낼 수 있으
며, 네 머리에서 소위 너희들이 말하
는 시인이요, 작가들이 만들어 낸 그
내용처럼 쓸 수 있는가를 생각해 보
면, 이는 나 여호와의 성령이요, 나의
뜻으로써 너를 통하여 법전을 만든 위
대함을 깨달을 것이니,
8 나의 모든 성령으로써 기록된 나의 법
전이라는 것을 네가 깨달으면 너 자신
이 두려움을 느낄 것이며, 너 자신이

흐트러진 마음을 가질 수 없음을 알게
됨이니라.
9 이제는 네가 네 머리에서 잘못된 생각
을 할 때 그 생각으로써 네 머리를 다
감쌀 것이니, 너는 그걸 지워야만 된
다는 사명을 알게 될 것이니라.
10 그러니 네가 잘못된 생각, 나의 법전
에 의한 생각이 아니며 나의 뜻이 아
닌 것은 행동하고 생각해서도 아니 됨
을 깊이 깨우쳐야 할 것이니 그리 알
라.
11 모든 이에게 말하라.
12 '나는 이 같은 법전을 쓸 수 없는 사람
이며, 나는 내가 도저히 쓸 수 없음을
알고 있다.' 하는 그 말만 그리 전하라.

1,376 번째 하나님 말씀

2001년 6월 7일 16시 10분

1 사랑하는 선지자야!
2 "네, 여호와 하나님! 말씀하옵소서."
3 너희들이 만든 웅장한 기계라 하는 것
도 하나의 중요한 부속이 빠지거나 작
은 나사 하나가 풀렸을 때 그 기능을
못 하지 않더냐?
4 너는 나의 피조물 만백성을 구하기 위
하여 나로부터 성령을 받아 열여섯 권
의 법전을 기록한 역사를 이룬 나의
종이요, 나의 선지자이니라.
5 그런 네가 네 자리에서 모든 것을 지
키지 못한다 하면, 하나라도 그 자리
를 지키지 못한다면, 인간이 만든 기
계도 하나의 핀이 빠지거나 나사가 빠
지면 돌아갈 수 없거늘, 나의 이 법전
이 나의 피조물 만백성의 생명을 구원
하는 약이 되며 그 가르침이 되겠느냐?
6 수천수만 가지 그 기계도 인간 너희들
이 기억하며 조이고 닦으며 다스리면
제 위치에서 제 기능을 발휘할 수 있
거늘,
7 네 마음이 하나 비뚤어지고 네 행실이
하나 잘못되며 네 생각이 하나 비뚤어
지면, 나의 피조물 수십억 인구를 구
하며 그 자손을 구하고 또 그 자손을
구하는 나의 법전이 세상에 전해져 만
백성을 하늘에 오르게 하는 그 길이
이루어지겠느냐, 선지자야!
8 수만 가지 부속 중에 하나가 풀리면
그 임무를 못 하는 것보다도 백배 천
배 더 소중한 것이 너의 자세며 너의
마음가짐이니라.
9 너는 하나라도 비뚤어져서는 안 되며,
지나가는 바람만큼이라도 네가 무엇
인가를 나의 뜻에 의하여 가지 아니하
고 움직이지 아니할 때, 이는 이루어
질 수 없으며,
10 나의 피조물 만백성을 구하는 열여섯
권의 법전은, 이 배는 갈 수가 없음이
니라, 선지자야!
11 작은 나사가 풀려도 그 임무를 수행하
지 못하듯이, 너는 그보다 몇천 배 더
소중한 나의 선지자요, 나의 종이니,
네가 나의 피조물 만백성을 구하는 것
은 그보다 수천수만 배 더 소중함이니,
12 너에게 티끌만 한 하나의 풀리는 나사
가 있어도 아니 되며, 모든 것에서 너
자신이 정 위치에 서 있지 아니하면
그 대명을 수행할 수 없다는 그 소중
함을 너는 깨달아 시행해야 될 것이니
라, 선지자야!

13 이제는 기도와 묵상으로써 일관하여
가라.
14 모두는 다 나의 주관하에 이루어진다
는 것을 이제는 네가 믿을 때가 되지
아니하였느냐?
15 그리고 네 머리로 생각하지 아니하며
네 머리로 걱정하지 아니하여도 되지
않더냐?
16 이를 그리 알고 편안히 가도록 하라.
17 그리고 네 마음에 하나의 오점이 없도
록, 하나의 검은 점이 없도록, 하나의
작은 실수도 네 주변에 일어나지 않도
록 그리 살아가는 것이 필요하니라,
선지자야!

1,377 번째 하나님 말씀

2001년 6월 8일 06시 10분

1 사랑하는 선지자야!
2 "네, 여호와 하나님! 말씀하옵소서."
3 이제는 네가 깨달아 가고 있음이니,
궤도를 달리는, 너희들이 말하는 열차
라는 것처럼 그 궤도에 들어섰음이니,
앞으로 달려가기만 하면 되는 것이니
라.
4 열차가 달리면서 곳곳에 사람을 내려
주고 실어 주며 끝없이 달리듯이,
5 너는 하늘을 향하여 오는 그 열차의
궤도에 들어섰음이니, 그 열차를 타고
하늘에 오를 수 있는 자들이 수없이
내리고 타며 내리고 탈 것이니,
6 이제는 그대로 달려오면 되느니라.
7 나의 사랑하는 선지자야!
8 "네, 여호와 하나님! 말씀하옵소서."
9 장하고 갸륵하도다.
10 "전지전능하신 여호와 하나님 아버지!
11 저는 아직도 바람에 흔들리는 촛불처
럼 흔들리고 있사옵나이다.
12 그 불꽃이 반듯이 서서 밝고 투명하게
온 세상을 비추듯이 제자리에 꼿꼿이
서 있는 촛불이 못 되고 있사옵나이
다."
13 사랑하는 선지자야,
14 부는 바람이 조용히 쉬듯이, 네 마음
에 이는 그 바람의 파장들이 하나하나
거두어지니,
15 그 바람이 강하면 불은 꺼지나, 그 바
람이 서서히 줄어들어 가니 그 촛불은
꺼지지 아니함이니라.
16 네 마음에 그 바람의 파장이 서서히
줄어들고 깨달아 깨우쳐 가고 있음이
니, 너는 이 열차를 끌고 올 수 있음이
니라.
17 하늘을 향하여 달리는 그 무한궤도에
있는 열차를 너는 끌고 올 수 있음이
니라.
18 "여호와 하나님!
19 저는 눈을 감고 싶습니다, 그리고 보
기가 싫습니다.
20 보지 않고 견디며, 그 속에서 제 마음
을 다스려 가고자 하옵나이다."
21 선지자야,
22 이제는 달리면 될 것이니라.
23 달리는 열차는 탄력이 붙을 것이며 힘
이 실릴 것이니라.
24 장하도다, 그리고 내가 너를 사랑함이
노라.
25 내가 너를 사랑함이노라.
26 오늘 너와 더불어 나의 법전을 연구하
는 너의 제자들에게 이르라.

27 이 순간에 너희들이 목숨을 다 바치는
것보다도 더 진하고 더 중요한 그와
같은 마음으로 기도하며 나의 법전의
장을 넘기도록 하라.
28 그리하는 자, 모든 은혜와 은총이 너
희들 모르는 사이에 이루어짐이라 그
리 전하라, 선지자야!
29 "네, 여호와 하나님! 알겠사옵나이다.
30 그리 행하겠사옵나이다."

1,378 번째 하나님 말씀

2001년 6월 8일 22시 20분

(강론을 마치며)

1 사랑하는 선지자야!
2 "네, 여호와 하나님! 말씀하옵소서."
3 길게 뻗어 있는 전깃줄에 참새들이 앉
아 재잘거리고 있는 그 모습이나 너희
들이 지금 앉아서 말하는 그 모습이나
다름이 없으니 어찌하여야 될까?
4 지금까지 살아온 너희들의 생각과 너
희들이 가지고 있는 마음과, 지금까지
살아오며 착한 일, 선한 일 한 것과 악
한 일, 남을 기만한 일과 부모를 공경
하지 아니한 일과 너희들의 지은 죄들
을 압축하듯이 발끝에서 머리끝까지
밀어내어 하늘에 날려야 할 너희들이
지금 무엇을 생각하고 있는가?
5 너희들이 말로써 참새처럼 지껄이고
재잘댄다 하여 무엇 하나 이루어지는
게 있는가?
6 너희들 각자의 마음과 생각이 다르며
행함이 다름이니, 나 여호와가 어찌하
여야 할까?
7 너희들이 백날 천날 모여 나의 법전을
읽고 또 읽는다 하여도 그 참뜻을 알
지 못함이니,
8 내가 너희들에게 일렀느니라. 세 번씩
을 읽어야 너희들이 그 뜻을 안다 하
였으니, 너희들이 나의 이 뜻을 듣고
세 번 읽기 위하여 밤을 새워 나의 법
전을 가슴에 정독하며 깨달은 자 있는
가?
9 그 하나도 실천하지 아니하는 너희들
이 백날 내 앞에 무슨 말을 하면 무엇
하며, 너희들이 앉아서 무슨 이야기를
한들 전깃줄에 늘어서 있는 참새의 지
껄이는 것과 무엇이 다르더냐?
10 나의 종이요, 나의 뜻을 받아 나의 피
조물 만백성을 구원하고자 하는 너희
들이 참새와 같이 재잘거리는 그와 같
은 형국이라 하면, 과연 너희들이 있
어야 될 것인가 없어야 될 것인가 너
희 자신을 돌이켜 생각해 봐야 할 것
이니라.
11 철옹성보다도 더 단단하고 굳은 그 믿
음의 세계 속에 있는 그들을 한 사람
이라도 너희들이 정화시켰는가?
12 너희들을 향하여 달려오는 성난 황소
의 그 뿔을 너희들이 정면으로 서서
황소가 받을 때까지 배에 힘주고 버틸
수 있는 용기가 있는가?
13 그 용기보다도 더 어렵고 힘든 것이
지금 믿음이라는 걸 갖고 저희들이 가
는 길만이 구원받을 수 있는 길이라
생각하는 그들의 그 하나를 넘어뜨리
는 것이니, 그와 같은 것이 지금의 이
시대이니라.
14 그렇지 아니하면 내가 선지자를 통하
여, 우매하고 둔한 그를 통하여 이 피

나는 열여섯 권의 법전을 세상에 내보
내지도 아니하였을 것이니라.
15 성난 황소가 대드는 것보다도 더 강하
고 힘차며 무지막지하게 밀어붙이고
있는 것이 지금의 믿음의 길을 가고
있는 자들이니라.
16 아무것도 아니니라.
17 흙탕물 속에서 그저 그 흙탕물을 뒤집
어쓰면서 저희는 깨끗한 생수로 목욕
을 했다고 착각하고 있는 그들을 구원
하는 너희들이 말로써 천 마디를 한들
무엇하겠는가?
18 너희는 깨달아야 할 것이니라.
19 너희들의 지금까지 살아온 모든 생각
을 너희들이 서 있는 그 발끝에서부터
너희 머리끝으로 다 날려 보낸 자만이
나의 음성을 들을 것이며 나를 볼 것
이며 내가 하고자 하는 그 뜻을 깨달
을 것이니라.
20 사랑하는 나의 선지자요, 나의 선지자
를 따르는 제자요, 나의 백성 너희들
은 수십억 인구 중에 서 있는 이 자리
이니라.
21 너희들의 그 생명이 얼마나 소중하던
가?
22 내가 너희들에게 이르나니, 너희들은
한 사람을 깨우치는 데 너희 생명과
맞바꿀 수 있게 그와 같이 너희 마음
과 몸을 다 던져야 할 것이니라.
23 내가 너희들이 영원히 기도할 수 있는
성전으로 옮겨 줄 것이며 새로운 성전
을 너희들에게 만들어 주어 너희들이
편안하고 안락할 수 있는 길을 만들어
줄 것이거늘,
24 너희들은 나의 이 뜻에, 내가 행하고
자 하는 나의 이 뜻에 너희 자신이 깊
이 깨우치며 반성함이 먼저 앞서야 할
것이니라.
25 이 성전에서 너희들이 식사를 할 때
나 여호와가 같이 있음을 깨달으며 내
자리 하나 만들어 놓는 것을 잊지 말
라 말하였거늘,
26 너희들은 짐승만도 못한 그러한 생각
을 가지고 살고 있으니, 너희들이 어
찌하여 나를 이리도 울리는가?
27 내가 너희와 같이하고 있음을 어찌하
여 인식하지 아니하며,
28 너희 스스로 자신이 위대하며 너희 자
신이 소중하며 너희들의 살아가는 것
만이 아름다우며 너희들의 생각하는
것만 고귀하며 진귀하며 너희들의 살
아가는 그것만이 진리이며, 너희들이
살아가는 속에서 그대로 살다 인생의
마감을 지으면 될 것이라는 그러한 생
각을 아직도 너희들의 머리에서 버리
지 못하고 있는가?
29 나는 너희들에게 원함이 없느니라.
30 너희들에게 바라는 것도 없으며 너희
들에게 얻고자 함도 없음이니라.
31 너희들이 나 여호와가 존재함을 믿으
며, 내가 새 생명으로 너희들을 태어
나게 하여 이 세상에 내보냈으니 나의
뜻을 지키고 살다 나에게 오라는 그
계명을 지키는 것이 나에게 오르는 길
이라 내가 일렀으니,
32 이것을 나의 어리석고 불쌍한 만백성
에게 깨우쳐 주려 함이니,
33 이를 깨우치고 전하기 위해서 너희들
에게 나의 법전을 정독하라 함이니라.
34 너희들은 지나가는 바람결 같은 나의

말 한마디라도 천금같이 깨우쳐 실행
해야 할 것이니, 이를 소홀히 듣지 말
라.
35 너희 머리에 모든 영광이 있을 것이니
라.
36 내가 너희들이 편안하게 성전을 만들
어 준 다음에 나의 법전을 세 번 읽어
깨우치는 자들부터 거둬들이며 은혜
를 베풀 것이니, 이를 명심하여 시행
하도록 하여야 할 것이니 그리 알라.

1,379 번째 하나님 말씀

2001년 6월 9일 07시 10분

1 사랑하는 선지자야!
2 "네, 여호와 하나님! 말씀하옵소서."
3 내가 너희들에게 발끝에서부터 머리
까지 지금의 서 있는 그 형태에서 모
두를 다 지워 버리라 하였음이니,
4 이는 무(無)로 돌아가라는 것이니,
5 하얀 공기처럼 아무것도 갖지 아니하
는 마음으로써, 손에도 너희 육신이
잡히지 아니하며 남들이 보아서 너희
들의 내면을 볼 수 없는, 그들의 눈에
는 보이지 않는 투명한 인간처럼 너희
들을 그리 다스리라 하는 말이니라.
6 너 자신처럼 남들에게 보이지 아니하
며 남들이 만질 수 없으며, 너 자신이
너를 볼 수 없는 투명 인간처럼 모두
를 다 날려 보내라 함이니라.
7 내가 너희들에게 말하기를, 지금의 삶
을 반대로 살아야 한다 하였으니, 너
희들이 그리 살 수 없다면 너희는 구
원의 길에 들어설 수 없음이니라.
8 너희들이 하얀 천사의 마음과 같이 행
동하지 아니한다면 너희 스스로 구원
을 받을 자격이 없는 것은 너희들 문
제이나,
9 나의 피조물 만백성을 구하는 그 대업
을 수행하지 못하여 남들을 구할 수
없는 그와 같은 죄를 너희들은 다시
져야 됨을 알아야 할 것이니라.
10 너희들은 가야 하는 자들이니라.
11 창공을 날아서 목적지까지 가야 할 날
짐승이 날지 아니한다면 그는 추락하
여 죽음뿐이니라.
12 너희들은 나로부터 선택된 백성으로
서 해야 할 일이 있으며 가야 할 길이
있으며 이루어야 할 목적이 있음이니,
13 그를 이루고 행하지 아니하고는 갈 수
도 없고 올 수도 없음이니라.
14 너희들은 내가 명한 대명을 수행하는
그 길을 벗어날 수 없으며, 그 길은 오
로지 너희들의 마음을 비움에 있으니,
15 너희들이 가지 아니하면 아니 되는 길
을 가지 않기 위하여 발버둥치며 돌아
가는 인생을 살 것인가, 마음과 몸을,
모두를 다 비우고 나의 뜻에 따라 순
종하며 갈 것인가?
16 너희들은 너희 자신의 마음을 비움이
가장 편안한 길임을 알아야 할 것이니
라.
17 이제 편안한 성전도, 너희들이 오래오
래 근거할 수 있는 것도 내가 다 만들
어 주었음이니 그보다 더한 너희들의
영광이 없음이니라.
18 너희들이 더 큰 영광과 은혜 속에서
나의 피조물 만백성을 구하는 전사로
서 임무를 수행하고 하늘나라 나의 낙
원에 올라올 수 있는 길은 마음을 비

움이니라.
19 마음을 비운다는 것은 자기 스스로 먼저 자신을 비워야 될 것이며, 그리고 가장 가까운 이웃에게 행하는 마음부터 비워져야 함이니라.
20 내가 너희들에게 이르기를, 가장 작은 죄가 하늘에 오를 수 없는 길이라 하였으며 죄라 하였듯이,
21 너희 자신부터 죄를 털어 낸 다음, 너희들 자신부터 하얀 천사의 마음이 된 다음에, 네 주변에 매일같이 부닥치고 대화하는 가까운 사람들로부터 마음을 비움이 너희들의 마음을 비워 다스려 나가는 길이니라.
22 내가 선지자 너에게 이르지 아니하였더냐?
23 네가 착하고 선한 마음으로 살 수 없거든 하루를 눈을 감고 잠을 자라 명하였음이니라.
24 이와 같은 뜻과 이치를 나의 백성들에게 가르치라, 선지자야!

1,380 번째 하나님 말씀

2001년 6월 10일 06시 20분

1 사랑하는 선지자야!
2 "네, 여호와 하나님! 말씀하옵소서."
3 나의 피조물 만백성이 나의 성령으로 기록한 나의 법전을 읽으며 무엇을 생각하겠는가?
4 나의 법전의 첫 장을 넘기고 기도하는 너의 모습을 보면서 그들은 너를 보기를 세상에 다시없는 축복을 받은 자라 말할 것이며,
5 너를 만나기를 원할 것이며, 너의 말 한마디를 듣기 위하여 구름 떼처럼 모여들고자 할 것이니,
6 그렇다 하면 네가 누구를 대신하여 이 세상에 왔느냐?
7 사랑하는 선지자야!
8 "네, 여호와 하나님! 말씀하옵소서."
9 나의 법전을 읽고 깨닫는 자들이 생각하기를, 하늘에 나 여호와 하나님이 존재하나 나의 음성을 듣지도 못하고 나를 만져 보지도 못하며 나와 더불어 생활할 수 없음이니,
10 그들은 나의 법전의 첫 장을 넘겨 너의 기도하는 그 모습을 보면서 네가 하늘의 모두를 대신하는 사람이고 명을 받은 자라 생각할 것이니,
11 내가 너의 사진을 법전에 넣으라 함은 누구를 대신하여 누구의 명을 받아 세상에 나가 너희들을 구원하는 사람인지 그를 보고 깨닫고 따르라 하고자 함이니,
12 이 깊은 뜻과 너의 중요함을 깨달아야 할 것이니라.
13 "여호와 하나님! 알겠사옵나이다."

1,381 번째 하나님 말씀

2001년 6월 11일 05시 40분

1 사랑하는 선지자야!
2 "네, 여호와 하나님! 말씀하옵소서."
3 수십억 인구가 생각하는 것이 다르고 그 형태가 다르듯이, 지금의 너희들의 종파가 그와 같이 갈라지고 찢어져 있음이니,
4 나무를 믿는 자, 돌을 믿는 자, 바다를 믿는 자, 짐승을 믿는 자 있으며, 그리

고 저희들만이 진정한 나를 믿으며 하
늘에 오를 수 있는 길이라 하여 작고
큰 집단들이 자기의 집단에 따라 아우
성을 치며 힘을 모으고 있음이니라.
5 수억 가지 종파가 있는 그들이 단 하
나를 깨우치지 아니하며 이를 생각하
지 않으려 함이니라.
6 너는 너의 제자들에게 그리 가르쳐야
될 것이니라.
7 이 세상 모두를 다 누가 창조하였는가?
8 너희들은 나 여호와가 이 세상을 창조
하였음을 알 것이니,
9 내가 만든 피조물 만백성이 내가 저희
들에게 관리하고 취하라 한 것들에게
기도하며 절을 하니 이게 얼마나 잘못
된 꼴이더냐?
10 네 앞에 어떠한 종파의 어떠한 믿음을
가진 자나 어떠한 깨우침을 가진 자가
와서 너에게 갑론을박하거든 말하라,
이 세상 모두를 창조한 것은 나 여호
와며, 이 세상을 창조한 나 여호와를
찾고 믿는 것이 무엇이 잘못되었는가
를.
11 세상을 창조하여 너희들에게 생명을
주었으며 이와 같은 우주 만물이 다
돌아갈 수 있도록 한 것은 나 여호와
의 권능이니라.
12 세상이라는 것을 내가 창조하였으니,
그리하여 십계명에 '너는 나 외에 다
른 신을 네게 있게 하지 말라.' 하였음
이거늘,
13 너희들은 나의 아들 예수를 찾으며
'예수의 보혈, 보혈' 하며 예수의 이름
만을 부르면 하늘에 오를 수 있다 그
리하며,
14 예수를 찾는 자는 선을 행하든 악한
짓을 하든 구원을 받을 수 있으며, 행
위로써 구원을 받지 아니하고 '예수,
보혈' 예수 이름을 찾는 것만으로써
구원을 받는다 하니,
15 세상에 이처럼 통탄할 일이 어디 있는
가, 선지자야!
16 그러면 모두를 창조한 나 여호와를 찾
는 너희들은 무엇이며 너의 제자들은
무엇이더냐?
17 오로지 너희들만이 하늘의 이치를 알
고 있는 자들이니라.
18 어떠한 종파를 믿든 어떠한 우상을 섬
기든 그 모두는 내가 만든 것이며 나
의 주관하에 이루어진 것들이거늘,
19 내가 만든 가장 능력 있는 나의 피조
물 만백성이 저만 못한 것들을 숭배하
고 믿는다 하니, 이 얼마나 해괴망측
한 일이더냐?
20 그들에게 이와 같은 뜻을 가르쳐 주어
야 될 것이니라.
21 '세상을 창조한 분은 단 한 분이니 그
분만을 믿고 따르면 된다.' 하는 것을
깨우쳐 주어야 될 것이며,
22 저희들의 행동과 행위는 어찌하든, 저
희들의 행동으로 이웃에게 피해를 주
든 이웃에게 사악한 짓을 하든 그 모
두는 다 아무것도 아니며, 나의 아들
예수의 보혈의 은혜를 입으며 나의 아
들 예수를 부르짖으면 구원을 받는다
하니,
23 너희들이 생각해 보라.
24 동등한 권리와 자격을 준 나의 피조물
만백성을 망치로 후려 때리고 나서도
이는 행위이기 때문에 하나님에게는

아무런 죄가 되지 아니하며,
25 그저 후려 때리고 예수를 찾고 예수
앞에 성경을 들고 가 '보혈, 보혈'을
찾으면 그는 죄가 되지 아니한다 말하
는 그들이 가는 것이 이제는 너희들의
눈에 보일 것이며 너희들의 마음에 와
닿을 것이니,
26 너의 제자들에게 이와 같은 실체를 깨
우쳐 너희들 하나하나가 소중함을 알
아야 할 것이며,
27 나 여호와를 찾으며 나 여호와에게 경
배하며 나의 성령을 가지고 나의 뜻을
그대로 만백성에게 깨우쳐 전하는 너
희들만이 선택된 백성이라 말하면 그
들은 너희들을 죽이려 할 것이니라.
28 너희들의 생명을 끊으려 할 것이니라.
29 저희들의 부귀와 영화가 끊어지며 저
희들의 밥줄이 끊어지기 때문이니라.
30 저희들의 떠먹는 밥 수저를 뺏으려 하
는 너희들을 그리하여 그들이 용서하
지 않으려 할 것이니라.
31 그리하여 선지자 너에게 수시로 여행
을 하라 함이니, 그 뜻을 깊이 깨우치
라.

1,382 번째 하나님 말씀

2001년 6월 12일 05시 50분

1 사랑하는 선지자야!
2 "네, 여호와 하나님! 말씀하옵소서."
3 모두는 다 네가 나로부터 묵상을 받아
움직이며, 그 모두를 메모하며, 하루
의 생활을 계획성 있게 메모를 하여
너 자신을 다스려 나가도록 해야 할
것이니라.
4 네 마음과 몸이 깨달음의 경지에 오르
면 오를수록 너 자신이 유하고 부드러
운 사람이 되어야 할 것이니,
5 가능한 한 육식을 삼가고 마음으로부
터 거친 생각을 하지 말며,
6 모두는 여호와 나의 뜻이라 생각하여
순리대로 세상이 이루어짐을 깨달아
야 하며 그리 살아가야 할 것이니라.
7 마음을 동동 구르지 말고, 그리 조바
심하며 행동하지 말라.
8 아직은 너의 제자들과 네 주변에 있는
많은 사람을 도울 때가 아니니 마음
아파하지 말며 너 자신이 조급히 생각
하지 말라.
9 성전을 운영하며 성전을 통하여 많은
나의 피조물 만백성이 나의 법전을 접
하는 데 네가 열과 성의를 다할 것이
며, 아무것도 네가 생각하지 말라.
10 다 그들을 도울 시간이 있으며, 그들
이 해야 할 일이 있으며, 맡은 바 책임
이 있기에 그들이 훈련되어야 되며 그
들이 깨달아야 되며, 그들이 그 적소
에 필요하도록 다 스스로 깨달음이 있
어야 하는 것이니,
11 함부로 그들을 도우며 함부로 그들을
쓸 때가 아니니라.
12 그리하여 네 마음이 조바심하며 네가
마음을 동동 구르는 그와 같은 행위를
해서는 아니 됨이니라.
13 우선 성전을 완벽히 만들라.
14 그리한 다음에 내가 너에 대한 변화를
줄 것이며, 네가 걱정하고 있는 부분
들이 다 이루어질 것이니, 그리 행하
도록 하라.

1,383 번째 하나님 말씀

2001년 6월 13일 02시 35분

1 사랑하는 선지자야!
2 "네, 여호와 하나님! 말씀하옵소서."
3 너희들 인간이 만든 크나큰 기계라 하
는 것도 하나의 작은 부속이 제자리를
지키지 못하면 정상적으로 운행할 수
없다 말하였으니,
4 너와 너의 제자들을 그 기계의 몸통이
라 말하면 너희들의 생각과 너희들의
행위를 이루는 것은 그 부속이라 말할
수 있으니,
5 그 하나의 부속이 잘못되었을 때 너희
들은 너희들 자신을 지킬 수 없다 내
가 말하였음이니라.
6 수천 년 역사 속에 흘러와 예수의 보
혈을 찾으며 나의 성경을 가지고 하늘
에 오르고자 깨우쳤던 나의 피조물 만
백성이 지금에 잘못 감에 의하여 그를
바로잡아 하늘에 오를 수 있는 그 구
원의 길을 열어 주는 것이 나의 법전
이며 네가 행하고 있는 지금의 대명이
니,
7 너와 너의 제자들이 얼마나 소중한 사
람들인가를 내가 알라 하였으니,
8 소중한 사람들인 너희 자신이 한 점의
부끄럼이 없는 삶을 살아야 함이니라.
9 내가 너에게 많은 은혜와 기적을 주고
자 하며 너에게 능력을 주고자 하니,
하늘을 향하여 한 점의 부끄럼이 없는
삶을 네가 살아야 함이니라.
10 이것이 네가 오늘 가야 할 길임을 명
심하고 또 명심하여 너 스스로 너 자
신을 다스려 가야 할 것이니 그리 알
라.

1,384 번째 하나님 말씀

2001년 6월 13일 06시 55분

1 사랑하는 선지자야!
2 "네, 여호와 하나님! 말씀하옵소서."
3 네가 이와 같이 깨달으며 행동을 그와
같이 할 수 있기에 내가 너에게 어젯
밤에 임하였느니라.
4 나의 형체를 네가 보지 않았더냐?
5 "여호와 하나님! 보았사옵나이다."
6 그와 같이 네 마음이 굳어졌으며 모두
를 다 태울 수 있는 네가 되었기에 내
가 너에게 보였음이니라.
7 사랑하는 선지자야,
8 너와 내가 무슨 말이 필요하겠느냐?
9 네가 결심한 대로 가야 할 것이니라.
10 그리고 어제 너에게 와 책을 전하며
세상 것을 다 아는 것처럼 말하는 그
자들이 다 부질없는 자들이니, 그들의
말에 귀를 기울이지 말라.
11 그리고 그자를 가까이 하지도 말라.
12 저희들만이 세상에 똑똑한 것 같으나,
나의 진리와 나의 뜻을 모르는 그들의
말이 아무런 도움이 되지 아니함이니
라.
13 그리고 서점 하나를 하늘에서 가장 편
안한 곳이라 말하는 너의 고향에다 만
들라.
14 오늘 여인이 올 것이니 그 여인에게
책무를 주도록 하면 될 것이니라.
15 "알겠사옵나이다.
16 무슨 뜻인지 알겠사오며 그리 행하겠
사옵나이다, 여호와 하나님!"

1,385 번째 하나님 말씀

2001년 6월 14일 05시 10분

1 사랑하는 선지자야!
2 "네, 여호와 하나님! 말씀하옵소서."
3 예수가 사람의 형상을 하고 세상에 나가 모두를 다 저버리며 하얀 눈처럼 살 수 있었음은 나의 존재함을 그가 알고 있으며 기도로써 견딜 수 있었으며 그리 시행할 수 있었기 때문이니라.
4 너도 기도를, 그리고 묵상을 네 생활의 전부로 잡아 나가야 할 것이니라.
5 바깥세상의 인간관계를, 바깥세상의 인연을 소중히 하며, 나에게 묵상과 기도로써 들어서 함이 아니라 너 스스로 생각하고 너 스스로 판단하여 행한다 하면, 이는 나의 뜻이 아니라 너의 생각이니라.
6 항상 기도와 묵상으로써 응답을 받아 그리 시행하면 그가 바로 천사요, 하얀 눈이 됨이니라.
7 너는 누구보다도 나의 묵상과 나의 성령의 뜻에 따라 시행하고 움직여야 됨을 잠시도 잊어서는 아니 됨이니라.
8 오늘부터 그와 같은 생활 속에서 네가 모두를 이루어 가야 될 것이니 그리 알라.

1,386 번째 하나님 말씀

2001년 6월 15일 05시 50분

1 사랑하는 선지자야!
2 "네, 여호와 하나님! 말씀하옵소서."
3 나의 성령으로써 내려진 이 법전을 가슴에 안고 정독하는 자는 하늘의 이치를 알며, 나의 뜻을 알며, 하늘에 오르고 못 오르는 그 길의 영광됨을 구분할 수 있는 깨달음이 있다고 하였으니,
4 너희 인간사에 그보다도 더 큰 은혜와 영광이 어디 있겠느냐?
5 나의 법전을 가슴에 안고 정독하여 하늘에 오르고 못 오르는 길의 이치를 깨달으며, 나 여호와가 존재하며 하늘의 뜻을 아는 자는 큰 영광이라 말하였으니,
6 수십억 나의 피조물 만백성을 구하고 너희들의 대대손손 수없는 나의 피조물 만백성을 구원하는 이 법전을 만든 너와 이를 만드는 데 동참한 자들과 이를 만드는 데 온갖 정성과 몸과 마음을 다 바친 그들의 영광이 얼마나 위대하며 그들의 노고가 얼마나 값진 것인가를 너희들이 알아야 할 것이니,
7 여기에 참석한 자들과 나의 법전대로 살고자 하는 그들에게 영광과 은혜가 있으며, 그리하여 너희들의 이름을 에덴동산에 기록하여 놓았다 하였음이니, 너희들이 그와 같은 은혜를 받을 수 있는 자들이니라.
8 그러한 자들이 살아가면서 나의 피조물 만백성에게 보이는 행동과 행실이 어떠해야 되겠느냐?
9 나의 법전을 가슴에 안고 깨우친 자는 만인의 근본이 되어야 함이며, 그들이 곧 살아가는 지표이니라.
10 오늘 너의 제자들이 모이거든 그것을 깨우쳐 주라.
11 그곳에 모이는 나의 백성들 하나하나가 얼마나 소중한가?
12 소중한 것만큼 행동과 모든 것을 바르

게 해야 되며 타의 모범이 되어야 함
이니라.
13 그리고 사랑하는 선지자야,
14 이제 너희들이 오래도록 지속하고, 만
백성을 구하기 위하여 내린 이 법전을
오래오래 관리할 수 있는 성전을 내가
만들어 주었음이니,
15 이제는 그곳에서 불꽃이 이루듯이 나
의 법전이 전해지며 너희들이 할 사업
이 본 궤도에 오르기 시작하였음이니
라.
16 정녕 나의 성전이 이루어졌음이니, 그
뜻을 깊이 깨우쳐야 할 것이니 그리
알라.

1,387 번째 하나님 말씀

2001년 6월 15일

(강론을 마치며)

1 사랑하는 선지자야!
2 "네, 여호와 하나님! 말씀하옵소서."
3 웅장하고 웅장한 호수라 하는 것도 개
미 한 마리가 그곳을 뚫고 나간다 하
면 그때부터 그것이 무너지는 형국이
이루어지느니,
4 수십억 인구들이 자기 자신만이 진정
한 하늘에 오르는 길이라 하며 저희만
이 어깨동무하며 하늘을 향하여 소리
지르며 뛰고 또 뛰고 있는 그와 같은
형국에서, 오늘 너의 제자들이며 내가
사랑하는 나의 피조물 백성들이 모여
앉아 나의 법전을 읽고 공부하는 이곳
이야말로 내가 같이 임하고 있음이니
라.
5 너희들이 비록 나약하고 힘이 드나 두
껍고도 두꺼운 얼음을 깨는 망치와 같
은 형국으로 오늘 모여 앉았으니,
6 이게 바로 얼음을 깨는 망치요, 나의
피조물 만백성을 구원하는 출발점인
너희들이 선택된 자들이니라.
7 너희들은 각자 오늘 잠자리에 들기 전
에 가슴에 손을 얹고 조용히 생각해
보라.
8 너는 지금 어디에 와 있으며, 네가 살
날은 얼마나 남아 있으며, 네가 살아
온 시간 동안 어찌 살아왔으며 어떠한
길을 걸어왔는가를 생각해 보라,
9 네가 살아가야 할 날이 남아 있는 만
큼 살아온 시간과 살아온 시간의 그
삶의 형태에 비하여 너희들의 남은 인
생에 어떠한 길을 지금 선택해야 될
것인가를.
10 긴 세월을 살아온 것보다도 살아가야
할 짧은 그 시간에 너희들이 열배 백
배 선하고 아름다운 일을 행해야 함이
니, 너희 자신이 시간이 없음이니라.
11 너희들이 살아온 시간보다 남은 시간
에 너희들의 살아온 모두를 용서받으
며 하늘에 오르는 길을 위하여 기도하
기도 바쁜 그 시간에, 너희들이 나의
법전을 읽고 깨우쳐 나의 피조물 만백
성을 구하는 전사로서 활동을 한다 하
면, 지금 너희들의 마음가짐은 어찌해
야 되겠는가?
12 너희들의 한 손에 들 수 있는 것이
100근의 무게라 하자.
13 그러면 너희들은 양손에 100근의 무
게 즉, 200근을 들고 걸어가야 하는
그와 같은 형국이니라.
14 100근을 들기도 어려운 너희가 과연

200근을 들고 걸어갈 수 있다 생각하
는가?
15 그것을 들 수 있는 길은 단 하나이니
라.
16 영원히 변하지 않는 나의 법전을 너희
들이 읽어 터득하며, 나 여호와에게
기도하는 길밖에 없음이니라.
17 너희들이 기도와 경배로써 너희들의
지은 죄를 하나하나 다 고백하여 나에
게 용서를 비는 마음의 자세를 가지
며, 그 시간이 많아야 되느니라.
18 남들이 한 시간씩 기도하는 것보다 너
희들이 몇 배씩 기도를 하여 너희들의
지은 죄를 맑게 나에게 고하여 깨우침
을 얻어야 할 것이며,
19 너희 스스로 마음이 아름답고 비었다
생각할 때, 나의 법전을 전하는 너희
들의 그 얼굴을 보고 나의 피조물 만
백성이 그 법전을 받을 것이니라.
20 그리고 그리 받는 자는 그를 읽을 것
이며 또 깨우칠 것이니라.
21 너희 마음이 백이라 할 때, 아흔아홉
개가 선한 마음이며 하나가 검은 마음
이 있다 하면, 그 하나의 검은 마음을
가지고 너희들이 전하는 그 법전을 받
는 자는 너희처럼 깨달을 수가 없음이
니라.
22 너희들의 마음이 하얀 눈과 같이 되었
을 때 너희 눈이 하얗게 보일 것이며,
너희들의 아름다운 눈동자 속에 진실
이 보이니,
23 그 진실 속에 전하는 자의 법전을 그
는 두 손으로 경건히 받을 것이며, 너
희들을 생각하며 법전을 읽을 것이니
라.
24 너희부터 다스리라.
25 오늘 밤 너희들이 돌아가면 가슴에 손
을 얹고 조용한 시간을 한 시간씩 가
지라.
26 그 한 시간 속에 너희들이 반성을 하
라.
27 그리고 너희들이 회개하라.
28 그리고 잘못한 것을 그 사람에게 빌고
깨우치라.
29 오늘 너희들이 해야 할 일은 그것이니
라.
30 그리하여 다 깨우치면 너희들에게 내
가 임하여 너희가 행할 수 있는 길을
가르쳐 줄 것이니, 이를 명심하여 시
행하도록 하라.

1,388 번째 하나님 말씀

2001년 6월 16일 06시

1 사랑하는 선지자야!
2 "네, 여호와 하나님! 말씀하옵소서."
3 모든 것은 준비된 계획에 의하여 행하
여야 차질이 없음이니, 행하기 전에
계획부터 완벽히 세우는 것이 소중함
을 잊지 말라.
4 한 사람이 작은 가정을 이끌어 감도
계획이 필요하며, 가정주부 또한 계획
에 의하여 살림하는 자와 계획하지 아
니하고 운영하는 자와의 그 차이는 멀
고도 멀리 있음이니라.
5 나라를 경영함도 중요한 계획이 필요
하며 사업을 위한 경영 또한 계획이
필요하거늘,
6 나의 피조물 만백성을 구하는, 세상에
더 중요하며 더 큰 경영이 없는, 나의

뜻을 받아서 운영하는 너는 생각하고
계획하여 움직이는 것을 깊이 깨우쳐
행하여야 할 것이니라.
7 생각해 보고 또 생각하고 생각해서 운
영하며 행함에 있어서 나로부터 묵상
과 기도에 의하여 나온 것을 엄히 다
스리고 지키는 그와 같은 행동을 해야
할 것이니라.
8 내가 너에게 내리는 모든 묵상과 계획
의 지시를 그대로 따르며, 또한 네가
생각하고 계획하고 연구하여 살과 뼈
를 붙여 운영하라 하였음이니,
9 모두를 네 뜻대로 소홀히, 경망히 행
동하여 실행함이 없도록 해야 할 것이
니라.
10 이제 시작이니라.
11 마음을 조급히 갖지 말라.
12 너는 나에게 기도와 묵상을 드리면 다
답을 줄 것이니,
13 너의 계획과 생각은 묵상과 기도뿐이
니 이를 소홀히 하지 말고 항상 묵상
으로써 답을 받아 행하도록 그리하라.
14 네가 묵상으로써 답을 받아 행함에 차
질이 있더냐?
15 모두는 다 내 뜻과 나의 주관하에 이
루어지고 있으니, 그를 정녕 소홀히
하지 말고 항상 나로부터 응답을 받아
행하는 네가 계획하며 생각하는 그 모
두는 나에게 묵상하는 기도며 기도하
는 계획이니,
16 그보다 더 네가 편히 갈 수 있는 길이
없거늘, 어찌하여 너는 네 머리로써
무엇을 생각하려 하느냐?
17 급히 서두르지 말라.

1,389 번째 하나님 말씀

2001년 6월 17일 06시

1 사랑하는 선지자야!
2 "네, 여호와 하나님! 말씀하옵소서."
3 나의 법전을 가슴에 안고 너와 더불어
그를 깨우쳐 가는 나의 피조물 백성들
은 나로부터 선택을 받은 사람들이니,
4 그들이 부귀와 영화를 생각한다 하면
그들은 그 자리에 앉을 수 없으며, 육
신의 편안함과 행복을 위하여 생각하
고 산다 하면 그들은 그 자리에 앉을
수 있는 자격이 없음이니라.
5 고기를 낚는 것을 생업으로 삼으며 그
것이 아니면 살아갈 수 없다 생각하던
그들도 나의 사랑하는 예수가 '너희는
나를 따르라.'는 그 한마디에 모두의
생업을 팽개치고 던져 버리며 오로지
나의 아들 예수를 따랐듯이,
6 나의 성령을 직접 듣고 깨우치며 그를
연구하고 그 뜻을 깨닫는 자들이 부귀
와 영화요, 육신의 행복을 생각하며
그를 위해서 살아간다 하면 나로부터
부름을 받은 뜻이 없지 아니하더냐,
선지자야!
7 그렇다면 그들은 나에게 부름을 받을
자격이 없으며 부름을 받을 이유가 없
음이니라.
8 나의 법전을 읽고 깨우친 나의 피조
물, 나의 백성인 너희들은 사람을 낚
는 것이지 금은보화를 낚는 것이 아니
며, 부귀 영화를 낚기 위하여 생활하
는 것도 아니며, 그리해서도 아니 되
느니라.
9 가장 소중한 것이 너희들의 생명이라

말하지 않더냐?
10 가장 소중한 생명이 구원을 받지 못하
며 영원히 죄악 속에 살아가는, 그 고
달프고 아픈 삶을 살아가는 그들을 깨
우치는 것이 너희들이 해야 할 일이니
라.
11 그리하여 너희들은 내 앞에 천금 만금
의 보화를 쌓아 놓는 것이나 그를 나
에게 갖다 바치는 것보다도 나의 피조
물, 나의 백성 하나를 낚아 그를 깨우
치고 다듬는 그것이 너희들에게 더 소
중함을 어찌 모르는가?
12 이미 너희들은 다 구원을 받을 수 있
는 자들이고 구원을 받은 자들이며 다
나로부터 선택되었으니, 내가 너희를
버릴 리가 없음이니,
13 사람을 낚는 자가 되어야 될 것이니라.
14 이를 너희들 가슴속에 깊이 새기며,
나의 법전을 가지고 문전을 나가는 자
에게 너와 같이 사람을 낚으라 가르치
라.
15 사람을 낚는 것이 너희들의 대명이니
라.
16 이를 명심하여 시행하도록 해야 할 것
이니라.

1,390 번째 하나님 말씀

2001년 6월 18일 06시 55분

1 사랑하는 선지자야!
2 **"네, 여호와 하나님! 말씀하옵소서."**
3 나의 피조물 만백성을 구원하는 나의
성령을 네가 가슴으로 받아써 열여섯
권의 법전을 만들어 세상에 내보내니,
4 이는 하나님, 나 여호와의 마지막 심
판이니라.
5 우후죽순으로 자기가 하늘에 오르는
진정한 길이라 부르짖는 모든 종파,
그들은 하늘을 정녕 바라보지 못하고
있음이니,
6 이제는 그들의 눈을 뜨게 하며 귀를
열게 하며 하늘을 보게 하여 그들이
내가 존재함을 정녕 믿으며, 나를 향
하여 오르는 길이 어떠한 길이며 그
방법이 무엇인가를 나의 법전으로 깨
우쳐 그들을 구원하고자 하는 이 법전
이 정녕 소중한 것이며,
7 이 법전을 받아 기록한 네가 수십억
인구 중에 가장 소중한 자며, 수십억
나의 피조물 만백성이 너를 보고 따라
야 할 것이니,
8 수십억의 인구들이 너를 보고 따라 하
늘에 오르는 길에 눈을 뜨고 귀를 열
수 있는 그 모범된 너의 행동이 필요
하며,
9 수십억 인구가 너를 따르듯이 너는 수
십억 가지의 모든 것을 다 규제하여야
되며 그 모든 것을 다 버려야 함이니
라.
10 수십억 인구가 너를 보고 하늘에 오르
는 눈을 뜨며 하늘에 오르는 목소리에
귀가 열리는 것과 마찬가지로,
11 그 수십억 인구의 숫자만큼 네가 수십
억 가지를 다 절제하고 통제하여야만
하나니, 수십억 가지 모든 길을 너는
지켜야 하는 것이니라.
12 그리하여 선지자의 가는 길이 힘들며
어려우며, 아무나 선지자의 그 길을
갈 수 없음이니라.
13 사랑하는 선지자 너와 너의 제자들은

여기서 깨우치고 넘어가야 할 것이 있
느니라.
14 내가 모든 인간들에게 능력을 주어
나에게 오르는 진정한 사랑의 길이 무
엇이며 하늘에 오르는 길이 무엇인가
를 일깨워 주었으나,
15 그들은 수십억 인구가 저희들을 따르
듯이 수십억 가지를 다 절제하지 못하
며 가르칠 수 없으며 모범된 행위를
할 수 없는 자들이었느니라.
16 그리하여 그것을 지킬 자가 없기에 진
정한 선지자를 몇천 년이 흐르는 세월
속에 보내지 아니하였음이니,
17 내가 나의 법전에 말하기를, 너 하나
를 이루기 위하여 수천 년을 기다렸다
말하였으니, 그 수십억 가지를 지킬
수 있는 것이 너이니라.
18 그리하여 아무나 선지자란 소리를 들
을 수 없으며 선지자의 길을 갈 수 없
음이니,
19 여기에 너의 가야 할 길이 있으며 네
가 가야 할 어려움이 있음을 너는 오
늘 깊이 깨달아,
20 수십억 가지를 다 사랑과 선행으로써
행해야 되는 것을 잊지 말라.

1,391 번째 하나님 말씀

2001년 6월 19일 06시 50분

1 사랑하는 선지자야!
2 "네, 여호와 하나님! 말씀하옵소서."
3 네가 불안해하며 초조해하는 그 마음
에는 네 믿음의 깊이와 뿌리가 없음이
니라.
4 지금과 같이 많은 기적을 체험하며 나
의 메시지를 가슴으로 받아 기록하는
네가 불안하고 초조한 마음을 가짐은
믿음이 약함이니라.
5 첫 번째는, 네 머리로써 모든 것을 생
각하지 말라 하였으니, 네가 네 머리
로써 무엇을 구상하고 계산하다 보면
나 여호와의 존재함을 잊음이니, 그리
하여 네가 불안한 마음을 금치 못하는
그와 같은 생활 속에 말려들 것이며,
6 두 번째는, 모든 것을 묵상을 하여 답
을 얻으라 하였으니, 나에게 기도하면
될 것을 네가 기도를 게을리함이니,
7 이 두 가지 원인에 의하여 네가 불안
한 마음을 지우지 못함이니, 이보다
더 큰 불행이 없음이니라.
8 기도에 전념하라, 그리고 묵상하라.
9 모든 답은 내가 너에게 주고 있음이
니, 이 점을 잊지 말고 시행하라.
10 그리하지 아니하면 네가 불안한 마음
에서 벗어날 수 없음이니, 이는 바로
네가 흔들림이니라.
11 이제 네가 뿌리를 내릴 성전에 자리를
잡음이니 그로부터 모든 것은 시작될
것이며, 너는 불안해하지 말라.
12 내가 하얀 이 서점을 치우지 말라 하
였거늘, 네가 그를 놓고 연구하는 것
도 나에 대한 믿음이 부족함이요, 네
생각으로써 주관하고자 함이니라.
13 그와 같은 생각을 지우도록 하라, 선
지자야!
14 모든 것은 나의 주관하에 이루어짐이
니 그리 알라.

1,392 번째 하나님 말씀

2001년 6월 20일 05시 50분

1 사랑하는 선지자야!
2 "네, 여호와 하나님! 말씀하옵소서."
3 너희들의 말에 '노력 끝에 성공'이라
는 말이 있으니, 어렵고 쓴 고비를 넘
어 즐겁고 행복함을 얻는다는 말이 있
느니라.
4 네가 나로부터 선택되어 60평생에 가
까운 세상을 살아오면서 그 세상의 그
세월 속에서 네가 어찌 살았으며 네가
어찌 행동했으며 네가 어찌 지금까지
성장해 왔는가를 생각하면 허무함이
라는 것 외에는 아무것도 남는 것이
없음이니,
5 그 긴 세월을 살아오면서 네가 지금
네 손에 잡히는 것이 무엇이 있으며,
네가 들고 있는 것이 무엇이며, 너에
게 남아 있는 것이 무엇이더냐?
6 공허함과 허무함밖에 없느니라.
7 그렇게 긴 세월을 살아오면서도 가슴
에 남는 것이 없는 네 인생이었거늘,
8 이제 네가 나의 법전을 기록하여 만백
성을 구하는 장대하고 웅대한 나의 명
을 받아 누구도 이룰 수 없는 대명을
이루고 있음이니,
9 네 삶이 얼마나 보람 있으며 네가 이
세상에 존재함이 얼마나 값있는가를
너 스스로 깨닫지 못하는가?
10 그러니 그 많은 세월을 허송세월하여
살아왔다 할 수 있듯이 네 마음과 네
손에 남고 기억함이 없듯이, 그리 살
아온 네가 남은 삶을 나의 법전을 전
하며 만백성을 대대손손 구하는 이 대
명을 이루고 있는 것에 그리 초조해하
며 불안해하지 말라.
11 얼마나 알차고 보람된 나날을 네가 보
내고 있느냐?
12 네가 불안하고 초조함은 마음을 비우
지 못함이니라.
13 사랑하는 선지자야!
14 "네, 여호와 하나님! 말씀하옵소서."
15 너는 진정한 나의 선지자요, 내가 수
십억 인구 중에 가장 사랑하고 아끼는
자이니,
16 내가 많은 사람들에게 나의 성령을 심
으며 그가 갈 길을 깨우치며, 사랑하
며 남을 베푸는 아름다운 마음을 갖고
천사가 되어 하늘에 오르도록 터치하
고 깨우쳤으나,
17 그들이 잘못되어 잘못 갔을 때 스스로
그들은 무너지느니라.
18 아이들이 백사장에 쌓은 모래성이 무
너지듯이 그리 무너져 갔느니라.
19 그러나 열여섯 권의 법전을 받아 기록
한 너는 무너질 수도 없으며, 내가 너
를 버릴 수도 없음이니, 이것이 네가
남들과 다름이니라.
20 나의 법전을 전하여 나의 피조물 만백
성을 대대손손 구원하여야 할 너는 가
야 할 길이 정해져 있으며 행하여야
할 길이 정해져 있음이니,
21 너는 내가 버릴 수도 없으며 네가 나
를 떠날 수도 없으며 변화될 수가 없
음이니라.
22 불안해하지 말라, 그리고 기도로써 답
하라.
23 많은 이들과 네가 갑론을박할 때도 기
도를 하고 묵상을 하여 그들에게 답하

도록 그리해야 할 것이니라, 선지자야!
24 네가 누구며 네 속에 흐르는 피가 무
엇이라, 네가 존재함이 무엇이라 내가
너에게 말을 하지 아니하여도 내가 너
를 버릴 수 없음이니 그리 알라, 선지
자야!

1,393 번째 하나님 말씀

2001년 6월 21일 06시 10분

1 사랑하는 선지자야!
2 "네, 여호와 하나님! 말씀하옵소서."
3 찬란한 역사요, 찬란한 빛을 나의 피
조물 만백성에게 전하며, 그 찬란한
빛을 보고 나의 피조물 만백성이 대대
손손 나에게 오르는 길을 아는 그 역
사를 이루는 네가, 그리고 너를 따르
는 제자들과 이를 보고 깨우친 자들이
얼마나 소중한 나의 백성인지 너는 아
는가?
4 나 여호와가 하늘에 존재함과 하늘에
오르는 길이 무엇인가를 알며, 나의
계명을 지키고 살다 하늘에 와 영원히
사는 나의 나라에 오르라 하였거늘,
5 알면서 지키지 아니하는 자, 알면서
시행하지 아니하는 자, 말로써는 세상
모두를 다 지키는 듯하면서 행위로써
그것들을 지키지 아니하는 자들이 얼
마나 사악하며 무서운 인간인가?
6 사탄이나 마귀가 어디 따로 있더냐?
7 너희들의 사악한 그 마음이 바로 사탄
이요, 마귀이니라.
8 그들을 깨우쳐 그 찬란한 빛을 보게
하며 그 찬란한 빛을 위하여 그 역사
를 이루는 너희들이 얼마나 소중한데
그리도 어렵고 힘들어하는가?
9 너는 사탄과 같은 자들의 목소리를 듣
지 아니하였더냐?
10 나 여호와에게 오르는 것은 행위가 아
니라 믿음뿐이요, 나의 아들, 주 예수
의 보혈로써 죄를 사하였으니 예수를
찾으면 하늘에 오르는 것이며,
11 사악한 행위를 해도 아무런 관계가 없
으며, 구원을 받는 것은 영혼이 구원
을 받는 것이며 육신의 행위는 영혼과
는 관계없으니, 행위로써는 어떠한 짓
을 하든 정신적으로 믿음만을 갖는다
하여 성서를 들고 저희 성전을 찾아와
사악한 무리들의 그 가르침을 듣는 것
으로써 구원을 받는다 생각하고 있으
니,
12 얼마나 무서운 이 현실이더냐?
13 얼마나 무섭고 다급한 현실이면 그 수
십억 인구 중에 너를 선택하여 나의
마지막 성령을 너의 가슴에 전하여 열
여섯 권의 법전을 만들게 하였더냐?
14 이를 시행하는 너는 그 찬란한 빛을
위하여 오늘에 네가 힘들어해서는 아
니 되느니라.
15 너는 말하지 않느냐?
16 말로써 나에게 죄를 빌며 용서를 구할
그 힘만 있으면 가장 행복한 자며 그
와 같은 형국이면 더 이상의 부귀영화
가 없다 너는 말하면서, 그 이상의 것
에 연연하지 말라, 선지자야!
17 그리 실천하며 살아갈 수 있는 것이
네가 아니더냐, 그리고 너의 제자들이
아니더냐?
18 그렇지 아니하면 너희들 마음속에 욕
심이 있음이니, 그 욕심이 있다거나

육신의 행복을 위하여 너희들이 조그
만 욕심을 버리지 못한다면 바로 이게
사탄이요, 사악한 무리가 너희 마음속
에 있음이니라.
19 내가 너에게 넓은 들판에 성전을 지
어, '하나님의 뜻에 따라 여기서 행하
는 자가 이와 같이 아름다우니, 하늘
의 나라는 어떻겠느냐?' 하여 그를 깨
우치고 한 사람이라도 착하고 선한 자
가, 정녕 하늘에 오르는 빛을 깨닫고
오는 자가 있다 하면, 그를 위하여 네
가 희생함이라면 너는 이해하겠느냐?
20 단 한 명을 깨우쳐도 나에게 크나큰
기쁨이니라.
21 그렇다면 너와 너의 제자들이 먼저 깨
우쳐야 될 것이 아니더냐?
22 육신의 욕심을 버리라.

1,394 번째 하나님 말씀

2001년 6월 22일 06시 50분

1 사랑하는 선지자야,
2 풀 한 포기가 서 있는 것도 나의 주관
하에, 나의 명에 의하여 그가 그 자리
에 서 있으며, 꽃 한 송이 피우는 것
또한 다 그러하니라.
3 개미라는 미물이 기어가는 것도, 그가
태풍에 날아가는 것도, 사나운 짐승들
이 서로 물고 뜯고 싸우는 것까지도….
4 너희들은 수많은 약초가 세상에 있으
며 모든 동식물이라든지 바닷속에 물
고기가 살아가는 것만을 보고 오묘하
다 생각하지 말라.
5 그들이 먹히고 먹으며, 물리고 받치며
그리고 감정을 표현하는 것까지도 나
의 주관이요, 나의 계획하에 그리 짜
여져 있다 하면, 너희들은 그러고도
전지전능한 나 여호와라 말하지 아니
할 수 있는가?
6 새벽 기도를 하고 앉아 있는 너희들의
생각까지도 다 나의 주관하에 움직이
는 것이며, 너희가 절을 하며 앉아 있
는 모습까지도 다 사전에 계획되었으
며 나의 뜻에 의하여 움직인다 생각하
면 너희는 숨통이 막히는 그와 같이
무서움을 느낄 것이니라.
7 그러나 엄연한 사실은 다 나의 주관이
요, 나의 뜻에 의하여 이루어짐이니라.
8 너희들이 그림 한 점 거는 것도, 나의
법전을 정리하다 떨어지는 것도 그 모
두가 다 나의 주관하에 이루어진다 하
면, 너희들은 그를 믿고 싶지 아니할
것이니라.
9 너희들 주관하에 실수도 할 수 있으
며, 너희들 주관하에 욕도 할 수 있으
며, 너희들의 주관하에 잠을 잘 수 있
으며, 이웃과 더불어 대화를 할 수 있
으며 그것이 너희들 주관하에 이루어
진다 하나,
10 그 모두는 다 나에 의해 미리 짜져 있
으며 나의 주관하에 이루어짐을 너희
들은 믿어야 할 것이니라.
11 하물며 모든 미물과 식물과 동물들이
물고 뜯는 것까지도 나의 주관하에 이
루어졌으며, 악어에게 고기가 먹힌다
면 그 먹히는 고기까지도 내가 다 주
관하여 이루어진다 하면,
12 여기서 너희들이 하나 깊이 깨우쳐야
할 것이니라.
13 내가 가장 사랑스러운 모습으로 너희

들을 만들었으며, 그리고 그 수십억
인구가 십계명이라는 나의 계명을 지
키고 살다 하늘에 와 영원히 사는 영
광을 얻으라 하여, 내가 너희들을 위
하여 나의 아들 예수를 보냈으며, 많
은 기적을 보였으며,
14 지금은 나의 종, 선지자를 통하여 열
여섯 권의 법전을 만들어 세상에 내보
냈으니,
15 너희들이 나의 성전을 정리하는 데 못
이라는 것을 하나 박으며, 책 하나를
정리하며, 힘들고 어려운 하루의 생활
을 마치는 그 모두가 다 나의 주관이
요, 나의 뜻에 이루어졌다 하면,
16 너희들은 그 대임을 하는 것을 어찌
즐겁다 하지 아니하며 기쁘다 생각하
지 아니하며,
17 나의 법전을 정리하며 나의 성전의 먼
지를 쓸고 닦는 것까지도, 그릇 하나
를 닦아 정리하는 것까지도 그 모두가
다 나의 주관하에 이루어진 것이라 한
다 하면,
18 너희들의 손끝이나 마음 하나가 감히
어디 흐트러져서 행동할 수 있는가?
19 너희들이 힘들다 어렵다며 철퍼덕 주
저앉아 딴생각을 할 수 있는 마음의
자세가 있을 수 있겠는가?
20 그뿐이더냐?
21 수십억 인구 중에 선택되어 이 성전에
와 일하고 있는 너희들이 어떠한 사람
들이더냐?
22 다 대명과 소명이 있음이니, 그를 두
려워하며, 그를 즐겁게 생각하지 아니
하며 겁을 먹으며, 그것을 너희들 머
리로써 생각하며 판단한다 하면,
23 너희들은 나의 법전 열여섯 권을 가지
고 나의 피조물 만백성을 구할 자격이
없으며,
24 너희들의 복음이요, 너희들이 전하는
말을 써서 나의 법전을 대신하여 너희
들의 복음을 전하여 너희 대대손손에
너희 이름들이 기억에 남을 것이니,
그 대업을 이룰 자격이 없음이니라.
25 너의 제자들에게 오늘 이르라.
26 너희들이 이곳에 와 앉아 있는 것도,
숨을 쉬는 것도, 너희가 의자 하나를
사든 너희들이 깔고 있는 방석 하나를
사든 다 내가 명하는 것이며 나의 주
관하에 이루어지거늘,
27 너희들은 어찌 그를 즐겁고 행복하다
하지 아니하는가?
28 이를 깨우쳐야 할 것이니라.

1,395 번째 하나님 말씀

2001년 6월 22일

(강론을 마치며)

1 나의 성령을 가슴으로 받아 나의 피조
물 만백성을 구원하기 위하여 법전을
만들어 이 세상에 전하는 선지자와 그
와 더불어 가는 나의 백성 너희들에게
내가 일러 말하고자 함이니라.
2 너희들이 매일 건너뛰는 조그만 도랑
이라는 것도 너희가 넘을 수 있을 때
는 그 도랑이 너희 눈 안에 가까이 보
이며 너희가 넘을 수 없을 때는 멀리
보임이니,
3 오늘 나의 선지자의 제자요, 나의 백
성들이 그리 같이 모였으니, 오늘의
너희 마음이 얼마나 흐뭇하며 힘이 생

기더냐?
4 너희들이 자랑스럽다는 생각이 너희
마음속에 스며들지 않더냐?
5 이것이 바로 너희들의 마음가짐이니
라.
6 그리고 너희들이 생각하고 깨달은 뜻
에 달렸음이니라.
7 내가 너희들에게 이르나니, 너희들은
미약하고 힘이 없는 것 같으나 나 여
호와에게 선택된 자며 내가 너희들과
같이하고 있음이니, 이 세상 어떠한
고난과 어떠한 것도 딛고 이겨 일어설
수 있는 자들이라는 것을 알아야 할
것이니라.
8 즉, 모두는 너희 마음에 달렸음이라는
것이니라.
9 여기 쌓여 있는 나의 법전을 나의 피
조물 만백성을 구하기 위하여 전하며
대대손손 이것을 읽고 나의 피조물 만
백성이 깨우쳐 하늘에 오르는 대업을
이루는 것은 너희들의 마음의 가짐이
니라.
10 너희들이 오늘 모여 나의 법전을 읽고
공부하는 것이 사탄이요, 이단이요,
또는 잘못 가는 길이 아니냐는 불안한
마음을 갖기 시작한다면 너희들은 아
무것도 할 수 없음이니라.
11 말라비틀어진 벌레를 물고 가는 개미
라는 것만도 못한 너희들이 되느니라.
12 그러나 너희들이 지금 나의 법전이 진
정한 나 여호와의 뜻이며 이것이 만백
성을 구하기 위해서 새로 태어난 나의
가르침이라 너희들의 머리끝에서부
터 발끝까지 굳은 결의를 갖고 너희들
이 하늘을 보며 나 여호와에게 기도를
할 때,
13 너희들의 마음과 너희들의 생각이 달
라지며, 너희들이 높게 볼 수 있음이
니라.
14 내가 너희들에게 일러 말하였느니라.
15 '여호와 하나님! 저의 죄를 용서하여
주옵시고, 여호와 하나님의 뜻에 따라
살아가도록 노력하겠습니다.' 그리 기
도하며 그와 같이 경배하면 된다 하였
느니라.
16 너희들이 수많은 시간 동안 수많은 단
어를 너희들 머릿속에 생각하여 갖다
붙여 나에게 울부짖으며 기도하나 그
것은 나와는 아무런 관계가 없다 한다
하면 너희들은 믿겠느냐?
17 너희들은 믿어야 할 것이니라.
18 수천수만 마디로써 나에게 너희들이
생각하여 기도드리는 그 내용이 결국
은 무엇이더냐?
19 너희들의 죄를 용서받고자 함이며 너
희들이 하늘에 오르고자 함이니라.
20 그리하여 그것을 내가 너희들에게 가
르쳐 만백성에게 간단히 기도하라 하
였으니, '여호와 하나님! 저의 죄를 용
서하여 주옵시고, 율법에 따라 살아가
겠습니다.' 하는 그 뜻이니라.
21 이것이 누구에게 기도하는 것이며, 누
구를 찾으면서 너희들이 하는 것이며,
이 가르침이 누구의 가르침이더냐?
22 내가 일러 말하였느니라.
23 너희들이 한 곳의 목적지에 갈 때까지
바른길로 가는 자와 돌아서 가는 자가
있으니, 너희들은 바로 가는 자이니라.
24 너희들이 나의 법전 한 권을 읽으면
하늘에 오르는 계단을 쌓으며, 두 권

을 읽으면 하늘에 오르는 계단을 또
쌓음이니,
25 그 계단을 쌓고 나 여호와에게 올라오
는 자만이 하늘에 오를 수 있을 것이
니,
26 계단이 아니면 오를 수 없는 자리를,
그 자리에서 '하나님! 구원하여 주옵
소서.' 하며 소리를 지르고 뛰었다 다
시 내려간다면 그가 올라설 수 있겠는
가?
27 무엇인가를 디디고 올라와야 되느니
라.
28 그것이 나의 법전의 깨달음이니라.
29 너희들은 대명을 받았음이니라.
30 나의 법전을 세상에 전하여 내가 원하
는 성전이 이루어지는 것에, 너희들이
타고 나에게 오를 수 있는 큰 배를 만
드는 것에 너희들이 다 그 위치에 서
있을 자들이니라.
31 그리하여 너희들은 할 일이 있고 선택
된 자이니라.
32 이제 머지않았느니라.
33 나의 법전을 가지고 많은 사람들이 왈
가왈부할 것이며 너희들까지 핍박할
것이니,
34 너희들 앞에 핍박을 하면 너희는 손을
뒤로 모으고 너희 목을 내밀라.
35 그리고 '나의 가슴을 너희들이 쪼개
보라.
36 이 속에는 피가 나올 것이며 네 가슴
을 쪼개도 피가 나올 것이며, 그리하
여 우리는 한 형제이니라.
37 그리고 너의 피와 나의 피는 누가 만
들었느냐?
38 여호와 하나님이 만들었음이니라.
39 내가 여호와 하나님을 찾으며, 너 또
한 여호와 하나님을 찾으니, 그분은
같은 분이며 우리는 같은 자식이니,
너희는 나를 핍박하지 말라.' 그리 이
르도록 하라.
40 그것이 너희들이 명심하여 시행할 답
이니라.

1,396 번째 하나님 말씀

2001년 6월 23일 05시 20분

1 사랑하는 선지자야!
2 "네, 여호와 하나님! 말씀하옵소서."
3 네가 강론을 하고 너의 제자들을 깨우
침에 있어서 한 명을 놓고 깨우치나
열 명을 놓고 깨우치나 그는 마찬가지
이니,
4 많은 나의 백성들이 이곳에 모여 너의
강론을 듣도록 그리하여야 할 것이니
라.
5 너희들은 나가서 열 권의 법전을 가지
고 열 사람에게 전하나, 너희 제자들
이 한 사람의 제자를 만듦으로 인하여
그 제자 또한 나의 법전을 수없이 전
할 수 있음이니,
6 너희는 나의 법전을 전하는 것이 아니
요, 나의 만백성을 낚아 나의 만백성
을 하늘에 오르는 길로 인도함이니라.
7 이미 너와 더불어 기도하는 그 나의
백성들은 깨우침이 많이 올라가 있으
며 깨달음이 높은 자들이니, 그들이
지금 깨닫고 뉘우치고 있는 것을 나의
피조물 만백성에게 전하여야 할 것이
니라.
8 그리하여 십자가 밑에 종소리 따라 모

이는 그들의 발길을 멈추며, 나의 법
전이 정녕 나의 성령이며 하늘에 오르
는 길을 바로 볼 수 있도록 그들의 발
을 돌리도록 하며 깨우침을 일러야 할
것이니라.
9 저희들만이 정녕 하늘에 오르는 길이
며, 나의 성령으로써 열여섯 권의 법
전을 세상에 내보낸 것이 이단이요,
사탄이라 말한다 하면 그들은 정녕 돌
이킬 수가 없으며,
10 사탄이요, 마귀는 나의 피조물 만백성
이 믿음의 길이라 하여 철옹성 같이
굳어진 그곳에 감히 도전하지 아니하
며 파괴하려 하지 아니함이니라.
11 지금의 믿음이 잘못 가고 잘못 믿고
있기 때문에 사악한 자들이 나의 열여
섯 권의 법전을 이단이요, 사탄이라
말을 하며,
12 정녕 나의 법전이 사탄이요, 이단이라
하면 이를 사악하다 말하는 자 없으며
사탄들이 사악한 장난을 할 수 없음이
니라.
13 이는 정녕 나의 뜻이기에 이 겨자나무
가 싹이 트지 못하고 크지 못하도록
하고자 하는 것이 그들의 자세이니라.
14 너는 이와 같은 뜻을 깊이 깨달아 흔
들림이 없이 나의 법전을 세상에 전할
것이며,
15 이곳에 너의 강론을 듣는 사람들이 그
득히 모여 너의 말을 듣고 고개 숙여
나가 그들이 나의 피조물 만백성을 깨
우쳐 인도하도록 그리해야 할 것이니
라.

1,397 번째 하나님 말씀

2001년 6월 24일 06시

1 사랑하는 선지자야!
2 "네, 여호와 하나님! 말씀하옵소서."
3 인간이 50이 넘어 늦게 둔 자식을 사
랑하듯이 내가 너를 사랑한다 하였으
니,
4 50이 넘어 늦게 둔 그 자식이 두세 살
먹어 걸음마를 시작하며 말을 배우며
재롱을 피우는 그 모습을 보고 행복해
하지 아니하는 자 없을 것이며,
5 비록 그가 아비의 수염을 잡고 늘어진
다 하여도 아비는 그를 사랑으로 내려
다볼 것이니라.
6 그러나 그가 자라면서 어릴 적 그 버
릇을 버리지 못하고 그대로 심성을 길
러 간다 하면 그는 부모에게 걱정을
끼치는 것이며,
7 너희 인간사 육신의 부모는 그를 매로
써 다스리며, 늦게 둔 자식을 사랑하
는 그 마음보다도 잘못되는 자식을 차
라리 낳지 아니하였으면 하는 후회를
하게 됨이니라.
8 선지자야!
9 "네, 여호와 하나님! 말씀하옵소서."
10 재롱을 피우던 그 자식이 성장하면서
삐뚤게 자란다 하여 그 자식을 낳지
아니하였으면 하며 후회하는 부모도
자식은 또한 자식이니 어찌하겠는가?
11 그가 부모의 마음을 아프게 그와 같이
세상을 삐뚤게 보는 심성으로 자라야
되겠는가, 그렇지 않으면 그가 바로
선 사람으로서 부모가 늦게 둔 자식의
보람을 느끼도록 해야겠는가?

12 어느 것이 인간의 도리라 생각하는가?
13 선지자야!
14 "네, 여호와 하나님! 말씀하옵소서."
15 내가 너를 내려다보는 심정이 그와 같
으며 나의 성령의 마음이 그와 같다
하면,
16 너는 어떠한 자식이 커 가는 모습으
로, 변화하는 모습으로 가고 싶으냐,
그리고 네가 가야 하겠는가?
17 너는 바로 가야 할 것이니라.
18 그리하여 묵상과 기도로써 나에게 모
든 답을 듣고 행동하라 함이니,
19 너는 나의 종이며 만백성의 종이요,
많은 나의 피조물 백성들에게 배우고
그들로부터 깨달아 사람이 되며 하늘
에 오르는 길이 무엇인가를 몸소 체험
하여 보여 주라 하였으니,
20 그러나 가장 낮은 자요, 또한 가장 소
중한 자임을 네가 알아야 할 것이니라.
21 이를 깊이 깨달아야 할 것이니라.
22 또한, 오늘 내가 너희들에게 이르고자
함이니라.
23 늦게 둔 부모가 그 성장하는 자식을
주변에서 잘 다스리고 깨우쳐 주는 자
에게 감사하며 그를 사랑하지 않겠는
가?
24 그 자식을 방탕한 길로 인도하며 그의
성격을 거칠게 만드는 사람이 주변에
있다 하면 부모는 그 자식이 잘못 가
는 것보다 그 옆에서 잘못 가도록 인
도하는 자가 더 미울 것이니,
25 나의 사랑하는 선지자의 마음에 파장
을 이루는 행위를 해서는 어느 누구도
용서할 수 없으며 용서를 받을 수 없
음이 너의 제자들과 너를 따르는 자들
이 또한 깨우쳐야 할 길의 근본이니라.
26 나의 사랑하는 선지자의 제자와 그를
따르며 나의 법전을 보고 깨우치는
자, 나의 사랑하는 선지자가 반듯이
가도록 모범을 보이며 깨우치는 자를
내가 사랑할 것이며, 그의 마음에 파
장을 이루는 자는 용서할 수 없음이
니, 이 이치를 또한 너희들은 깨달아
야 할 것이니라.
27 모두는 나의 선지자가 바로 서 그가
인간의 도리 속에서 살아가는 그 모습
속에서 나의 피조물 만백성에게 거울
이 되도록 내가 다스리고 가도록 하고
있음이니,
28 내가 나의 사랑하는 선지자를 만백성
의 거울이 되도록 다듬고 관리하거늘,
그를 미는 자, 그를 넘어뜨리는 자, 그
를 시기하는 자, 그를 잡아당기는 자
를 용서할 수 없음이 여기에 있음이니
라.
29 이 이치를 깨달아 너희가 시행해야 할
것이니 그리 알라.

1,398 번째 하나님 말씀

2001년 6월 25일 05시 55분

1 사랑하는 선지자야!
2 "네, 여호와 하나님! 말씀하옵소서."
3 좋은 건축물이나 영원히 남들이 경탄
하는 건물을 지으려면 기초가 단단해
야 된다 내가 너에게 깨우쳐 주었으니,
4 네가 나의 법전을 기록한 사람으로서
만백성이 너를 우러러보고 따라올 수
있는 것은, 남들이 경탄하는 아름다운
건축물과 같이 너의 음성을 들으며 너

를 보고 경탄하는 그와 같은 자들이
나와야 할 것이니,
5 그리하기 위해서는 너의 기초와 기본
이 단단히 다져져야 하느니라.
6 선지자야!
7 "네, 여호와 하나님!"
8 어렵고도 길고 먼 그 길을 가기 위하
여 네가 기초가 다져져야 되느니라.
9 기본이 굳게 다듬어지지 아니하면 갈
수 없음이니라.
10 그러니 네가 기본을 다스려야 할 것이
니라.
11 가장 작은 죄가 무섭듯이, 너 자신의
기본이 다스려짐에 작은 것부터 다스
려지지 않음이 가장 무서운 것으로 깨
닫고 실행하도록 하여야 하느니라.
12 너를 따르는 자들의 모임을 주일에 열
시 반부터 시작하라.
13 주일을 지키는 너희들의 그 깨우침의
공부를 열 시 반에 시작하여 그리 모
이도록 할 것이며,
14 내가 내려보낸 저 책상처럼 그와 같은
형국으로 너희들이 나의 법전을 연구
하는 장소를 다듬어 나가도록 하라.

1,399 번째 하나님 말씀

2001년 6월 25일 23시

1 문을 닫으라.
2 너희들이 앉은 이 방에 나 여호와와
나의 사랑하는 선지자와 그를 따르는
제자들 너희가 앉았으니, 우리 한 번
생각해 보자.
3 나 여호와가 이곳에 와 존재하고 있으
며, 나의 선지자가 있으며, 선지자의
제자 너희들이 있으니,
4 이 어두운 방에 있는 자들만이라도 마
음을 단 1초라도 하얀 백지와 같이,
하얀 눈과 같이, 나 여호와의 마음과
같이 가질 수가 없겠는가?
5 내가 바라는 것은 너희들이 천사가 되
어 영원히 사는 나의 나라에 와 나와
같이 더불어 있는 것이라 말하였으나,
6 너희들은 나의 이 깊은 뜻과 사랑의
뜻을 소홀히 들으며 실천하지 못하고
있음이니 이를 어찌하여야 하겠는가?
7 오늘 이 순간, 너희들이라도 마음이
눈처럼 하얀 천사가 되어 보라.
8 너희들이 천사가 되어 이 순간에 문을
열고 나가도 나의 뜻을 따르는 가장
사랑하는 나의 백성이 되어 보도록 그
리할 수는 없는가?
9 사랑하는 선지자야!
10 "네, 여호와 하나님! 말씀하옵소서."
11 모두를 다 잊으라.
12 모두를 다 지우라.
13 그 육신의 생각과 육신의 그 안일함
을, 육신의 향락을 다 지울 수 없는가?
14 다 지우라.
15 네가 그를 지우지 못한다 하면 천사가
되어 하늘에 오를 수 없음이니, 내가
너를 버리는 아픈 마음을 갖도록 하는
그와 같은 우를 범하지 말라, 선지자
야!
16 사랑하는 선지자야!
17 "네, 여호와 하나님! 말씀하옵소서."
18 너는 천사가 될 수 있느니라.
19 완벽한 인간이 될 수 있느니라.
20 세상일에 점점 접하지 말라.
21 너희들은 들으라.

22 선지자가 어찌 가야 하며 너희들이 선
지자를 어찌 바라봐야 되며 어찌 보필
해야 되며 어떠한 마음으로써 선지자
를 따라야 되며 어찌해야만 선지자를
바르게 갈 수 있게 하는 길인가 그것
부터 깨우친 다음에 너희들의 갈 길을
찾아야 할 것이니라.
23 모두는 나의 종, 선지자를 위하여 그
가 바로 설 수 있는 매를 드는 자들이
되어야 할 것이며, 채찍을 드는 자들
이 되어야 될 것이며, 그를 사랑하는
자가 되어야 될 것이며, 그를 보살피
는 자가 되어야 될 것이며,
24 때로는 무서운 어머니와 같이, 때로는
무서운 아버지와 같이, 때로는 인자한
어머니와 같이, 때로는 인자한 아버지
와 같이 하는 것이 너희들이 선지자
옆에서 가야 할 길이니라.
25 그리하여 완벽한 나의 선지자를 만들
라.
26 나의 아들 예수도 제자들이 스승이었
느니라.
27 삶의 스승이요, 생활의 스승이요, 그
가 그를 지키고 갈 수 있는 길에 스승
이었으니, 바로 그들이 거울이었노라.
28 나의 아들 예수의 앞에 서 있는 그 제
자가 거울이었으니, 그는 거울을 보고
제 모습을 보며 제가 하는 행동을 볼
수 있었음이니,
29 너희들은 다 선지자의 거울이 되어야
될 것이니라.
30 그리하여 선지자 앞에 앉아 있는 너희
들은 모두가 선지자의 거울이 되어야
함을 명심하라.
31 이를 너희 동료들에게 전해야 될 것이
니라.
32 그리하여 나의 선지자를 모든 인간사
에 죄를 짓지 아니하고 살 수 있는 자
로 만들어 종합적인 완성품의 인간을
만들어야 하는 것이 너희들의 제일 중
요한 대임인 것을 알아야 할 것이니라.

1,400 번째 하나님 말씀

2001년 6월 26일 06시 50분

1 사랑하는 선지자야!
2 "네, 여호와 하나님! 말씀하옵소서."
3 내가 십계명에 두 줄을 더 넣어 너보
고 외우라 하였음이니, 첫째는 '나 여
호와가 존재함을 믿는 그 자체가 구원
의 길에 들어서는 기본이요, 근본이
라.' 너에게 가르쳤으니,
4 이 구절을 보고도 이것이 나 여호와의
뜻이며 네가 나로부터 선택된 선지자
요, 종이라는 것을 깨닫지 못하는 어
리석은 백성들, 바로 그들이 잘못 가
고 있음이니라.
5 믿음이라는 것을 모르며 성서를 모르
며 저희들이 만든 성전에 가 목회자들
앞에 교육받은 사실이 없는 네가,
6 나 여호와가 존재함을 믿는 그 자체가
믿음의 근본이요, 기초이며 하늘에 오
르는 길이라는 것을 내가 너에게 임하
지 아니하였으면 네가 어찌 그 구절을
만들어 낼 수 있단 말이던가?
7 아무런 믿음도 없고 믿음의 기초가 없
으며 성서가 무엇인지도 모르며 남들
로부터, 목회자로부터 교육을 받은 사
실이 없는 너는 '나 여호와가 존재함
을 믿는 그 자체가 너희들이 갈구하는

구원의 길에 들어서며 구원을 받는 기
본이요, 근본이요, 기초'라는 그 구절
을 만들어 낼 수 없는 자이니라.
8 사랑하는 선지자 네가 나의 성령을 받
아 열여섯 권의 법전을 만들어 내는
동안 만백성을 우롱하며 만백성을 기
만하기 위하여 이 법전을 만든 사실이
없으며 그를 연구한 사실이 없으며 그
를 생각하여 기록한 사실이 없음이니,
9 네가 열여섯 권의 법전을 만드는 동안
에 네 머리로써 만백성을 기만하고자
만들고 그를 연구하고 생각한 것이 없
으며 글을 쓰는 작가라는 사람들처럼
꾸민 사실이 없음이니,
10 이것을 깨닫지 못하는 나의 피조물 만
백성이니,
11 이 구절 하나만을 보고도 네가 나의
선지자요, 나로부터 선택된 자이며,
이 법전이 나의 피조물 만백성을 구하
기 위하여 세상에 내려온 나의 성령이
라는 것을 깨닫는 자는 바로 '내가 존
재함을 믿는 그 자체가 구원의 기본이
요, 근본'이라는 그 깨달음을 앎이니
라.
12 그리하여 그 근본을 깨달은 자는 나의
법전을 가슴에 안고 정독하여 그 속에
들어 있는 그 뜻을 아니 반석 위에 서
게 되며,
13 반석 위에 서서 제가 하늘에 오르는
길과 죽어 가는 길을 알게 되고 구분
할 수 있는 길에 서 있다 하니, 이 또
한 이 구절을 연계하여 이와 같이 만
들어 낼 수 없으며, 네 머리로써 네가
이것을 만들기 위하여 연구한 사실이
없으며, 네가 이 구절을 넣기 위하여
밤잠을 자지 않고 연구하고 생각한 사
실이 없음이니,
14 그저 너는 내가 내리는 나의 성령을
그대로 암송하며 기록하였음이니 정
녕 이 두 구절이 소중하며, 이것이 바
로 나의 뜻이라는 것을 깨우치는 자는
하늘에 오르는 빛을 보게 됨이니라.
15 이 두 구절을 너는 만백성에게 가르쳐
야 될 것이니라.
16 너의 제자들에게 이르라.
17 나의 피조물 만백성을 이용하여 네가
부귀와 영화를 누리기 위하여 연구한
자도 아니며, 너희들을 기만하기 위하
여 열여섯 권의 법전을 만들고자 생각
한 사실이 없으며,
18 그와 같은 것을 단 1초도 생각하지 아
니하고 나의 성령이 두렵고 무서워 내
가 내리는 대로 받아쓴 자이니,
19 이 두 구절을 정녕 네가 생각하지 아
니하고 연구하지 않은 상태에서 앞뒤
가 맞도록 만들어 낼 수 없음을 너의
제자들은 먼저 깨우쳐,
20 이 성전에 와 나의 법전을 연구하며
나의 선지자에게 선택되어 제자라 명
하는 것이 얼마나 위대하고 큰 영광인
가를 알고, 그들의 가슴에 불이 타는
것과 같은 정열을 갖고 나의 법전을
전하며 나의 피조물 만백성을 구하는
데 모두를 다 바쳐야 할 것이니, 이제
그들에게 깨우쳐 주어야 할 것이니라.
21 사랑하는 선지자야!
22 "네, 여호와 하나님! 말씀하옵소서."
23 오늘의 마음을 그대로 간직하라.

1,401 번째 하나님 말씀

2001년 6월 27일 06시

1 사랑하는 선지자야!
2 "네, 여호와 하나님! 말씀하옵소서."
3 너희들 인간사에서도 낳아 주고 길러
준 그 부모가 자식에 대한 헛된 길을
원하지 아니하며, 잘못된 그 길을 가
는 자식을 보는 그 부모의 마음 아픔
이 말할 수 없음이니,
4 나의 피조물 만백성이요, 너희들의 존
재하는 모든 것은 나의 주관하에 이루
어졌으며 나의 뜻에 의하여 이루어졌
음이니,
5 창조주 나의 창조물 속에서 너희들의
번식이 이루어지며 후손이 생존하며
너희들이 존재함이니, 너희들이 하늘
에 오르는 길인 나의 계명을 지키고
따라와 나와 더불어 영원히 사는 세상
에 오르게 하고자 하는 나의 마음이
얼마나 애절하겠는가?
6 나의 창조물인 너희 육신들이 잠깐 낳
아 길러 준 그 공과 사랑으로써도 저
희 부모가 희생을 다하여 자식을 위하
여 바치고 싶어 하는 것이 너희 인간
사 인연이니,
7 세상 모두를 창조한 창조주인 나 여호
와가 너희들을 바라보는 그 마음이 얼
마나 아프겠는가?
8 육신의 부모는 잠깐 사는 너희들 세상
에서 부귀와 영화와 명예를 얻어 남부
럽지 않은 삶을 살도록 하는 것이 바
람이나,
9 창조주인 내가 너희들에게 바라는 것
은 영원히 사는 나라에 와 너희들이
영원히 존재하는 것을 바라는 마음이
니,
10 나의 낙원에 와 영원히 사는 길과 너
희들이 짧은 육신의 세월 동안에 지은
죄의 대가를 받으며 그 고통 속에서
사는 것을 막고자 하는 나의 마음은
너희 부모보다 열배 백배 더 애절함이
니, 나의 이 큰 뜻을 모르는 것이 너희
들이니라.
11 사랑하는 선지자야,
12 내가 너에게 일러 말하듯이, 나의 법
전을 각종 인간들이 쓴 서적을 파는
서점에 넣지 말라 하였으며 봄바람같
이 세상을 덮어 나간다 하였으니, 그
시기가 오고 있음이니라.
13 이를 명심하여 행동하도록 하라.
14 이제 시작됨이니라.

1,402 번째 하나님 말씀

2001년 6월 27일 22시 55분

1 사랑하는 선지자야!
2 "네, 여호와 하나님! 말씀하옵소서."
3 한 생명이 태어나기 위하여 어머니의
몸에서 열 달이라는 긴 세월의 태동을
하게 되니,
4 그 세월이 지나 세상에 생명이 탄생되
며 그가 자라서 어른이 되며 죽음이라
는 것을 벗어날 수 없는 이 엄연한 사
실에서
5 너희들은 그가 처음에 세상에 오게 된
동기를 모르며 그리고 죽어서 어디로
가며 어찌 가는지를 모르고 있음이니,
6 태어나는 신비와 죽음의 그 고비를 너
희들은 모르고 있느니라.

7 너희들의 생명이 태어남이 나의 뜻에
의함이며, 그리하여 한 도막이라는 너
희들의 흐름 속에서 인간으로 존재하
며 살아가는 것은 한 과정이니라.
8 너희들이 나로부터 생명을 받아 세상
에 나가 나의 율법을 지키며 사랑과
나눔을 배우며 실천하며 나의 율법과
나의 뜻에 따라 살아오다 죽어 너희들
이 나에게 오르면 그것이 연장선상에
있음이니, 하나의 원 속에 일부가 너
희들의 삶이니라.
9 둥근 원 속에서 너희들의 육신이 사는
것은 그 몇 분의 일에 해당되는 부분
의 삶이니라.
10 삶이 연장선상에서 연장되어 가고 있
음을 너희들은 알아야 할 것이니라.
11 하나의 원의 형태에서 그 원이 이어질
수 있는 것은 그 원과 똑같은 재질과
똑같은 것만이 이어질 수 있음이니라.
12 나무로 된 원이라는 것의 한 도막을
잘라 내어 그곳에 쇠를 갖다 붙여도
안 될 것이며 돌을 갖다 붙여도 안 될
것이니라.
13 아이들이 가지고 노는 굴렁쇠의 한 도
막을 잘라 보자.
14 그 도막을 무엇으로 이어야 그 형태가
되겠는가?
15 바로 잘라 낸 그 굴렁쇠를 가져다가
거기에 맞추어야 되지 않겠느냐?
16 그와 마찬가지이니라.
17 너희들이 나서부터 죽어 나에게 오르
는 것까지 하나의 돌아가는 순리를 따
라감에 있어서 그게 바로 굴렁쇠와 같
으니, 너희들의 육신이 사는 것이 한
도막이니라.
18 그 도막에 너희들이 원 형태로 돌아와
그 도막을 이을 수 있는 것은 바로 나
의 율법과 나의 십계명을 지키고 살아
오는 온전한 상태로써 이어지는 것이
며,
19 그를 지키지 아니하고 너희들이 육신
의 안일과 평안을 위해서 살아가며 너
희들이 그를 망각하며 너희 생각대로
인생을 살아간다 하면 너희들은 그 자
리에 올 수 없음이니라.
20 그와 같은 원리와 뜻이 여기 있음이
니, 돌아가는 그 원 속에서 잘려 나간
부분의 그 형질이 와서 붙어야만 되는
것이니라.
21 바로 너희들이 세상에 나올 때 천사
요, 죽어 갈 때 아무런 욕심도 없으니
그때 마음이 천사와 같이 됨이요, 허
무함을 알 것이니라.
22 그와 같은 마음의 연결을 갖는 것이
십계명을 지키며 나의 율법을 지키며
살아가는 길인 것이니라.
23 그를 벗어나서 너희들은 나의 에덴동
산이요, 나의 낙원에, 내 앞에 올 수
없음이 거기에 있는 것이니라.
24 그리하여 너희들이 그 빈자리를, 너희
들이 떠났던 자리를 그대로 맞추어 너
희들의 기능을 발휘할 수 없기에,
25 너희들이 쉽게 깨우쳐 그 자리에 올
수 있도록 하기 위하여 나의 법전을
나의 선지자를 통하여 이리 만들어 내
림이니,
26 너희들은 이 이치를 깨달아 한 치의
소홀함이 없이 나의 계명을 지키는 데
모든 것을 다 바쳐 시행해야 할 것이
니라.

1,403 번째 하나님 말씀

2001년 6월 28일 06시

1 사랑하는 선지자야!
2 "네, 여호와 하나님! 말씀하옵소서."
3 마음을 다 비워야 하느니라.
4 너 자신은 존재하지 아니하며, 네 앞
에 있는 남이 너이니라.
5 네가 선지자로서 살아가는 길은 네가
존재하지 아니함이니라.
6 어떠한 사람이 네 앞에 와도 그 사람
이 너이니라.
7 네 입장에서 모두를 생각하며 네 입장
에서 모든 대화를 하며 결정하는 너는
존재하지 아니함을 알아야 하느니라.
8 수십억 인구 중에 나의 성령을 받아
나의 뜻을 전하는 너는 네가 존재하고
있지 아니함이니라.
9 네 몸속에 나의 성령이 임하여 있으며
나의 주관하에 움직이는 것이며 나의
뜻에 움직이고 있기 때문이니라.
10 그와 같이 네가 행동하며 실천하지 아
니하면 남들이 너를 선지자라 부르지
않을 것이니, 그를 깊이 깨달아 행해
야 할 것이니라.
11 그리고 너의 제자들과 너를 따르는 모
든 나의 백성들에게 이르라.
12 너희는 존재하지 아니함이니, 남만 존
재함이니라.
13 이를 시행하지 아니하면 구원의 길이
없음이니라.
14 오늘 이후부터 이를 깨달아 시행하도
록 그리하라.

1,404 번째 하나님 말씀

2001년 6월 29일 07시 30분

1 사랑하는 선지자야!
2 "네, 여호와 하나님! 말씀하옵소서."
3 내가 너에게 이르기를, 굴렁쇠의 한
부분을 절단했을 때 그 절단하여 떨어
진 부분이 너희들의 육신이 살아가는
세월과 같다 하였으니,
4 나의 계명과 나의 뜻에 따라 아름답고
선하게 살았을 때 그 굴렁쇠와 같은
너희 인생이 제자리에 돌아올 수 있다
말하였느니라.
5 그러니 너는 너의 제자와 만백성에게
일러야 할 것이니라.
6 하늘에는 나 여호와가 존재하며, 나
여호와가 존재하니 내가 너희들을 창
조한 어버이로서 너희들에게 지키고
행하며 살라 내린 그 법을 지킬 수 있
다 없다 갑론을박하는 그 자체가 말이
되지 아니하며, 있을 수 없는 행위라
말하라.
7 이는 남의 물건을 훔친 자가 물건을
훔친 그 자체를 타당하다 말하는 것과
같음이니, 배가 고파서 남의 물건을
훔쳐 취하는 것은 죄가 아니 된다 하
는 궤변을 늘어놓는 것과 마찬가지이
니라.
8 살인을 하고 나서, '그가 나의 감정을
북받치게 했으며 나의 자존심을 상하
게 하며 내 마음을 상하게 하여 어쩔
수 없이 살인했으니 이는 타당하다.'
말하는 것과 같은 형국이니라, 선지자
야!
9 나의 율법과 나의 뜻을 지키지 아니하

며 인간이기에 지킬 수 없다 그리 말
하는 그들은 도적질하고도 그게 타당
하다 말하는 것과 똑같은 궤변을 늘어
놓고 있는 것이니라.
10 지금의 형국이 그러하니라.
11 그러한 나의 피조물 만백성을 구하기
위하여 지금 나의 법전을 내려보냈으
며,
12 또한, 살인을 하고도 그것이 타당하며
죄가 되지 아니한다 말하는 그들을 깨
우쳐 하늘에 오르는 나의 법전을 읽을
수 있도록, 그리하여 나의 법전을 가
슴에 안고 정독하여 반석 위에 일어서
하늘에 오르는 빛을 보게 되도록 너희
들이 인도하는 것이 나의 뜻이며, 너
희들이 해야 할 일이며 가야 할 책무
이니라.
13 얼마나 어렵고 힘든 길이더냐?
14 나의 피조물 만백성이 도적질하고도
그것이 타당하다 말하는 그와 같은 형
국의 지금 삶에서,
15 지금 나의 피조물 만백성이 그와 같이
억지를 쓰며 궤변을 한다 하여 선지
자 너와 너의 제자들이 나의 법전을
가지고 그들을 구원하지 아니한다 하
면,
16 물속에 빠져 살려 달라 허덕이는 자에
게 줄을 던지지 아니하며 그를 구원하
지 아니하는 그와 같은 죄를 지음이니,
17 이는 곧 살인과 같은 죄를 지음이니
라, 선지자야!
18 너의 제자들과 너를 따르는 나의 피조
물 만백성에게 이 이치를 깨우쳐 그들
이 잠시도 게으름이 없도록 해야 될
것이니라.
19 지금의 나의 피조물 만백성이 그와 같
은 형국이니라.
20 그러나 그와 같은 형국에서 저희들이
잘못 가고 있는 것을 돌아다볼 수 없
고 비추어 보지 못하며 깨닫지 못하는
그들의 아집으로 물에 빠져 허덕이는
형국의 나의 피조물 만백성에게 너희
들이 줄을 던져 구원하지 아니하고 그
냥 간다면 그것은 즉 살인과 같으니,
너희들의 죄가 그러함이니라.
21 선지자야, 이와 같은 이치를 너의 제
자들에게 일러 깨우치도록 하여 한 치
도 딴생각을 하지 말도록 하며, 열과
성의를 다하여 밧줄을 던져 그들을 구
원해야 할 것이니라.

1,405 번째 하나님 말씀

2001년 6월 30일 07시 55분

1 사랑하는 선지자야!
2 "네, 여호와 하나님! 말씀하옵소서."
3 하나의 씨앗을 뿌려 물을 주고 잘 가
꾸다 보면 그가 성장하여 많은 열매를
맺고 또 뿌리를 내리며 그 씨앗이 또
뿌리를 내려 그들이 성장하여 감이니
라.
4 너의 제자들과 너를 따르는 이에게 이
르라.
5 지금 하나의 씨앗이 각자 뿌려져 있으
니, 그 씨앗들이 나의 법전을 읽어 깨
우쳐 열매가 익어 우수수 떨어져 그가
또 뿌리를 내리듯이 나의 법전을 읽는
만백성이 모여 나의 선지자의 음성을
듣도록 해야 할 것이니라.
6 이를 게을리하지 말라.

7 내가 너에게 일렀으니, 나의 피조물
만백성이 물에 빠져 죽음 직전에 허덕
이는 것을 보면서 그냥 지나가는 너희
들이 되어서는 아니 된다 하였으니,
그들을 구원하는 자가 되어야 할 것이
니라.
8 나의 법전을 읽고 또 읽어서 그를 깨
우쳐 나의 피조물 만백성이 나의 법전
을 접하도록 모두를 다 바쳐야 할 것
이니라.
9 그와 같은 사명을 잊지 말라 이르라.
10 그 길이 너희들이 영광과 하늘에 오르
는 길을 볼 수 있음이며 하늘에 오를
수 있음이니라.

2001년 7월

1,406 번째 하나님 말씀

2001년 7월 1일 06시 30분

1 사랑하는 선지자야!
2 "네, 여호와 하나님! 말씀하옵소서."
3 하나의 씨앗을 세상에 뿌려 그가 노란
새싹으로 햇살을 보기 시작하여 세월
이 흐르며 성장하여 감이니라.
4 너의 믿음과 너의 행함이 그와 같이
이루어져야 되느니라.
5 어제보다는 오늘의 믿음이 더 굳어야
되며, 행함이 더 모범이 되어야 되며,
나에게 한 점의 부끄러움이 없는 삶을
살아가야 될 것이며,
6 오늘보다 내일이 더 아름다운 삶을 살
아가며 네 삶에서 빛이 나는 그와 같
은 형태로 바뀌어야 하느니라, 선지자
야!
7 이를 시행하지 못하며 지키지 못한다
하면 네 앞에 그득히 쌓여 있는 나의
성령의 뜻인 나의 법전이 아무런 가치
가 없음이니, 그가 재로 변함이니라.
8 너의 제자들에게 이르라.
9 성장하여 자라는 나무처럼 오늘과 내
일이 변화되며 내일과 모레가 변해 가
는 그러한 삶을 살지 아니한다 하면
너희들 개인에게 축복은커녕 나의 법
전이 재로 변하는 그와 같은 형국이
임할 것이라는 것을,

10 그리하여 선택된 자, 그리고 너의 제
자들이 얼마나 어렵고 힘들며 소중함
인가를 너의 제자들에게 깊이 깨우쳐,
그들 각자가 자기의 소중함과 자기의
행함을 깨달아 실현하도록 하라, 선지
자야!
11 너희들이 변하지 아니하면 나 여호와
가 눈물을 흘림을 너희가 알아야 할
것이니라.
12 이미 나에게 선택된 나의 백성들을 버
릴 수도 없으며 던질 수도 없음이니,
나 여호와의 눈에서 눈물이 남을 너희
들이 알아야 할 것이니,
13 사랑하는 선지자야, 가야 할 길을 가
거라.
14 너는 정해져 있는 그 길을 벗어나려
하지 말며,
15 어떠한 아픔과 어떠한 고통이 있고 어
떠한 시련이 있다 하더라도 나의 율법
과 나의 뜻에 따라, 나의 메시지에 따
라, 나의 법전에 따라 그리 시행하도
록 하라, 선지자야!

1,407 번째 하나님 말씀

2001년 7월 1일

(강론을 마치며)

1 사랑하는 선지자야!
2 "네, 여호와 하나님! 말씀하옵소서."
3 저 먼 산에 떨어지는 낙엽도, 그 낙엽
이 떨어져 썩어져 가는 그것도 다 나
의 주관이며 나의 계획이며 나의 뜻에
이루어졌다 하면 너희들은 어찌 생각
하겠는가?
4 나의 성전에 모여서 나의 제자요, 나
의 선지자의 뜻에 따라 나의 선지자가
읽어 주는 한 구절 한 구절의 나의 성
령을 받아 듣는 너희들은, 너희들이
숨 쉬고 앉아 있는 그 자체까지도 내
가 주관하며 내가 같이 있다 함을 깨
달아야 할 것이니,
5 너희들 임의대로 이루어지는 것이 하
나도 없음이니라.
6 너희들이 걸치고 있는 그 옷의 단추가
하나 떨어지는 것까지도 내가 다 주관
하여 미리 계획된 것이며 나의 주관하
에 이루어지는 것이라 한다면, 너희들
의 몸을 어찌 관리해야 되겠는가?
7 너희들은 말하느니라.
8 '전지전능한 여호와 하나님이시며, 전
지전능한 여호와 하나님께서 모두를
다 이루셨으며 그분의 뜻에 의해 이루
어진다.' 말하니,
9 이 세상 모두는 다 내가 필요하여 나
에 의해서 이루어졌음이니,
10 오늘 모여 얼굴을 마주하며 나의 법전
을 읽는 너희들이 얼마나 소중한 만남
이며, 얼마나 아름다운 만남이며,
11 너희들이 나에게 선택되어 이 자리에
앉아 있다는 그 자체가 얼마나 무거운
몸인가를 먼저 깨달아야 할 것이니라.
12 내가 나의 선지자를 통하여 너희들에
게 일러 말하기를, 너희들이 한 사람
한 사람 너희 이름 석 자를 넣으며 너
희 환경과 너희 가정과 너희가 처해
있는 것을 종이에 하나하나 적어 내려
갈 때, 너희들 자신이 초라하고 힘없
는 자라 느낄 것이라 하였음이니라.
13 그러나 너희들은 나로부터 선택되어
하나하나 너희들에게 씨앗을 심은 것

이니, 너희들 한 사람이 내가 너희에
게 콩을 심은 자요, 팥을 심은 자요,
가지를 심은 자요, 겨자씨를 뿌린 자
요, 참외씨를 뿌린 자요,
14 각자 너희들이 참외요, 오이요, 가지
며, 겨자씨이니라.
15 그 씨들이 다 성장하도록 내가 다룰
것이며 내가 기를 것이며, 그 씨앗들
이 커서 열매를 열어 그를 가꾸고 기
른 자에게 아름다운 과일을 이루어 주
고 열매를 전해 주는 그와 같은 역할
을 하게 될 것이니, 너희들은 너희 자
신을 의심치 말라.
16 너희들은 오늘 깨달아야 할 것이 있느
니라.
17 이 나의 법전에 기록된 뜻들 중에 나
여호와의 이름을 부르지 아니함이 어
디 있으며, 나 여호와를 찾지 아니함
이 어디 있으며, 나 여호와에게 죄를
용서해 달라 기도드리지 아니함이 어
디에 있더냐?
18 이러하니 너희들은 이 나의 법전을 의
심치 말라.
19 너희들은 나에게 선택된 자들이니라.
20 수십억 인구 중에서 선택된 자들이니
라.
21 소낙비가 쏟아지는 그 속에서 하나하
나 너희들은 선택된 자이니라.
22 그 중임을 잊지 말라.
23 너희들은 다 각자 하나의 과일나무의
씨앗이듯이, 다 각자 해야 할 일이 있
느니라.
24 세월이 흐른 다음에 너희들이 그 뜻을
알 수 있음이니라.
25 오늘 너희들은 이 자리에서 생각하라.
26 너희들은 존재하지 아니함이니라.
27 앞에 있는 사람만이 존재하며, 너희들
은 존재함이 아니 되느니라.
28 너희들은 존재함이 없느니라.
29 너희들은 다 나의 성령으로 충만된 자
들이며 나로부터 선택된 자이기 때문
에 너희들 각자가 나 여호와며 나의
아들 예수이니라.
30 그러기에 너희들은 존재하지 아니하
며, 너희들은 보이지 아니하며, 너희
들은 만질 수도 없음이니라.
31 이를 너희들이 깨달아야 할 것이니라.
32 너희들은 나의 성령으로 충만된 나요,
나의 아들 예수요, 성령으로써 충만되
어 나를 대신하는 자들이니,
33 나를 대신하여 존재하는 자들이라는
말을 들을 수 있도록 하려면 너희들의
행동과 마음가짐과, 이 성전을 나가
너희들이 살아가는 자세를 어찌해야
되겠는가?
34 너희들은 너희 살을 찢고 갈기는 그
아픔보다도 더 어렵고 힘든 고비를 웃
음으로 넘기고 지키고 가는 슬기로움
과 지혜를 가져야 할 것이니라.
35 오늘부터 너희는 존재하지 아니하니
라.
36 너희들이 질서요, 너희들이 법이요,
너희들이 물에 빠진 자를 건져 주는
밧줄을 던져 주는 은인이니라.
37 너희들은 나이니라.
38 여기에 참석한 너희들은 다 나 여호와
이니라.
39 너희들이 여호와이니라.
40 너희들이 말하는, 만백성이 찾고 구원
하며 하늘에 오르고자 하는 나 여호와

가 너희들이니라.
41 나의 아들 예수가 어찌 살았으며, 나 여호와가 만백성을 어찌 사랑하더냐?
42 내가 욕심이 있더냐, 무엇을 챙기고자 하더냐, 무엇을 쌓아 놓고자 하더냐, 무엇을 바라더냐?
43 바람과 같은 마음이니라.
44 너희들의 움직이는 옷자락에서 흐르는 그 바람은 만백성을 구하는 향기가 되어야 될 것이며, 만백성을 구하는 빛이 되어야 될 것이니라.
45 오늘의 힘들고 어려움에 너희들이 못 간다 말하지 말라.
46 너희들은 가야 하느니라.
47 너희가 죽어 나에게 왔을 때 나의 성령으로써 나의 뜻을 대신 전하여 살다 오는 자가 될 것인가, 사악한 무리 속에 너희들의 욕심과 방탕한 마음을 버리지 못하여 그 죄를 짓고 나에게 오는 자가 될 것인가?
48 너희들이 나의 뜻에 따라 살다 나에게 와 '여호와 하나님! 제가 왔습니다.' 하는 그와 같은 자가 되겠는가, 나의 빛을 보지 못하여 끓는 기름 가마 속에, 불바다 속에 들어가는 자가 되겠는가?
49 너희는 두 주먹을 불끈 쥐어야 될 것이니라.
50 그리고 죽음으로써 나의 이 성령의 뜻을 지켜야 할 것이니라.
51 너희들이 다 나 여호와며, 나의 아들 예수며, 너희들이 나의 선지자며,
52 나의 성령이 너희들 가슴에 있으니 너희들이 은혜를 받았음을 간직하고 잊지 말며 행동해야 할 것이니,
53 오로지 수십억 나의 피조물 만백성 중에 내가 믿고 사랑하는 자는 너희들뿐이니, 내가 믿고 사랑하는 자, 나의 뜻을 거역하지 말라, 나의 사랑하는 백성들아!

1,408 번째 하나님 말씀

2001년 7월 2일 07시 05분

1 사랑하는 선지자야!
2 "네, 여호와 하나님! 말씀하옵소서."
3 내가 너에게 이르기를, 내가 상을 내릴 자에게 상을 내리며 벌할 자에게 벌을 한다 말하였음이니라.
4 간교하고 가증한 자, 용서할 수 없음이니라.
5 거짓을 하는 것이 살인과 같다 내가 너에게 말하였으니, 속과 겉이 다른 자는 행동하는 것 또한 거짓 하여 남에게 살인하는 것과 같으니라.
6 속과 겉이 다름으로 인하여 그를 믿고 따르는 사람으로 하여금 마음 아픈 상처를 갖게 하는 것이 이중의 성격을 가진 자이니라.
7 두 가지 마음을 갖고 감히 너에게 와 너를 속이려는 자는 내가 용서할 수 없음이니라, 선지자야!
8 나의 사랑하는 피조물 만백성 중에 내가 두 번, 세 번의 기회를 준 자가 깨닫고 반성하지 아니하면 그런 자는 네 옆에 같이 존재할 수 없으며 나의 법전을 전할 수 있는 자격이 없음이니라.
9 오늘의 깨달음이 내일에 더 넓고 높아야 되며 깊어야 됨이니, 이와 같이 실행하지 아니하는 자는 너를 따를 수

없음이니,
10 너의 제자와 너를 따르는 모든 나의
백성들에게 이르라.
11 오로지 진실만이 존재할 수 있으며,
속과 겉이 같은 자만이 너와 더불어
영원히 같이 갈 수 있음을 깨우쳐 주
어야 할 것이니라.
12 기다릴 수 있는 자, 나 여호와가 존재
함을 믿으며 나의 법전이요, 나의 성
령으로 쓴 이 열여섯 권이 진정한 나
의 뜻이며 내가 만백성을 구하기 위하
여 내린 것이라 진정 믿는 자, 그 마음
에 흔들림이 없는 자만이 나의 선지자
너와 같이 존재하며 같이 갈 수 있는
자이니,
13 수없이 왔다가 수없이 떠나는 사람들,
그들을 안타까워하지 말라.
14 너는 그저 나의 법전대로 나의 피조물
만백성을 깨우치면 될 것이며,
15 그를 듣고 깨닫는 자는 하늘에 오르는
빛을 볼 수 있으며 영혼을 구원받을
수 있으니, 저희가 택하는 것은 저 자
신, 개인에 달렸음이니라.
16 안타까워하지 말라, 선지자야!
17 내가 너희들에게 상을 내릴 수 있도록
준비하여 받을 자격이 있는 자에게 내
리는 것과 마찬가지로,
18 네 앞에 와 진실되지 못한 나의 백성
은 나의 법전을 전할 수 없으며 너를
따를 수 없음이니, 오고 감을 너는 섭
하게 생각하지 말라, 선지자야!

1,409 번째 하나님 말씀

2001년 7월 3일 07시 50분

1 사랑하는 선지자야!
2 "네, 여호와 하나님! 말씀하옵소서."
3 나의 피조물 만백성이 하늘에 오를 수
있는 길을 내가 열어 주고자 함이니,
4 너희 한 사람만 깨우쳐 저 자신만이
구원을 받는 그와 같은 형국으로써 내
가 나의 피조물 만백성 너희들을 구원
하는 것이 아니니라.
5 하늘에 오르는 빛을 보며 하늘에 오르
는 길을 깨달은 자가 나의 피조물 만
백성을 깨우쳐 인도하는 그와 같은 방
법으로써 나의 피조물 만백성 너희들
을 구원하고자 함이니라.
6 그리하여 내가 큰 배를 만들어 나를
믿고 따르는 자들이 그 배를 타고 하
늘에 오르는 강을 건너게 하고자 함이
라 말하였느니라.
7 선지자야!
8 "네, 여호와 하나님!"
9 크나큰 배를 만드는 데 한두 가지로써
만드는 것이 아니지 않더냐?
10 수만 가지 부속과 수만 가지 물건들이
그때 합침으로 인하여 크나큰 배가 이
루어지고 만들어짐이니라.
11 지금 나를 찾으며 나를 경배하며 나로
부터 깨우침을 얻었다고 하는 자, 그
리고 깨달음을 얻었다고 하는 자들은
다 나의 뜻에 의하여 그리 주관되고
이루어짐이니라.
12 그들이 바로 배를 만들 때 쓰이는 자
들이니라.
13 인간의 배를 만듦이니라.

14 인간인 너희들이 모여서 배를 만듦이
니, 그리하여 내가 그들을 다 깨우치
도록 하였으며 깨닫게 하였음이니라.
15 이제 그들을 모아야 하느니라.
16 그들을 꿰어 맞추어야 하느니라.
17 모든 부속을 든 인간들이 다 모이게
될 것이니, 나의 법전을 읽고 깨우쳐
모여야 할 것이니라.
18 그리하여 그들은 정립된 것이 없음이
니라.
19 나의 성령 열여섯 권처럼 정립된 것이
없음이니, 이것이 차이임이니라.
20 인간은 스스로 산으로 가라 하면 들로
가느니, 나의 성령이요, 나의 이 법전
이 모이는 기본이 된다 하면 등을 돌
리고 돌아서는 것이 인간의 심리이니,
21 너는 이를 말하지 말며 그저 그들을
모으면 되는 것이니라.
22 네가 그들을 인도하는 자요, 그들을
모으는 자라 말하면 그들은 도망갈 것
이니라.
23 그런 말을 하지 말며 그저 오는 자를
너는 꿰맞추면 되느니라.
24 너와 너의 제자들만 알면 되느니라.
25 그리고 나의 법전을 읽고 깨우치는 자
에게만 이 말을 전할 것이며, 이를 깊
이 새겨야 할 것이니라.

1,410 번째 하나님 말씀

2001년 7월 4일 08시 20분

1 사랑하는 선지자야!
2 "네, 여호와 하나님! 말씀하옵소서."
3 많은 사람들이 너에게 말할 것이니라.
4 네가 정녕 선지자이거든 많은 기적과
많은 영광을 나의 피조물 만백성, 저
희들 앞에서 보이라 말할 것이니라.
5 그리고 그들은 그것을 기다릴 것이니
라.
6 선지자야!
7 "네, 여호와 하나님! 말씀하옵소서."
8 그와 같은 기적과 모든 은혜는 내가
너에게 행하고자 해야 될 것이며, 다
내가 주관해서 이루어져야 될 것이니
라.
9 내가 말하기를, 다섯 살 먹은 아이에
게 무거운 짐을 줄 수 없다 하듯이, 너
와 너의 제자들이 더 성장하고 더 변
하며 깨달음이 정녕 더 깊어야 할 것
이니라.
10 받을 수 있는 자에게 내가 내릴 것이
니라.
11 너에게 기적과 많은 영광을 보이라 그
리 말하거든, 너희들 자신의 마음의
자세가 어디에 있는가를 물어보라.
12 모든 너의 행동과 너를 보기 전에, 나
의 법전을 먼저 터득하고 깨우치며 그
와 같이 실행하고자 하는 자에게 영광
이 있을 것이니라.
13 내가 이루고자 할 때 이루어질 것이니
라.
14 내가 많은 능력과 기적을 주었던 사람
들, 나의 사랑하는 피조물 백성들이
덜 익은 과일을 따 먹는 형국이 되었
기 때문에 이단이요, 사탄이라 해서
다 쓰러져 갔음이니라.
15 설익은 과일을 따 먹게 할 수는 없음
이니라.
16 완벽히 익은 과일만을 이제 너희들이
따서 먹을 수 있도록 내가 그리하고자

함이니라.
17 무엇을 얻고자 하는 마음, 무엇을 이
루고자 하는 마음을 가진 자는 나로부
터 은혜를 받을 수 없음을 알아야 할
것이니라.
18 이를 너를 찾아와 나의 법전을 읽고
깨닫는 백성들에게 깨우쳐 주라.

1,411 번째 하나님 말씀

2001년 7월 4일 22시 30분

1 사랑하는 선지자야!
2 "네, 여호와 하나님! 말씀하옵소서."
3 네가 완벽히 가야 하니 어찌해야 하겠
는가?
4 이 세상 수십억 인구 중에서 나 여호
와의 성령을 받아 열여섯 권의 책으로
써 만백성을 구하며 대대손손 나의 피
조물 만백성을 구하기 위하여 이와 같
은 법전을 만든 자 있는가?
5 어렵고 힘들고 말이 잘못되어 전해 오
는 세월 속에 수천 년 역사 속에 성서
가 다듬어지며,
6 이 사람이 한 것을 이 사람이 모으고
저 사람이 한 것을 저 사람이 모았음
이니라.
7 거기에 나 여호와의 뜻이요, 예수가
전하고자 하는 그 뜻이 더러는 슬프
게, 더러는 즐겁게, 기록하고 전하는
사람의 뜻과 마음에 따라 변화됨이 있
었음이니라.
8 너는 여기서 깨달아야 할 것이니라.
9 내가 직접 나의 피조물 만백성을 구하
기 위하여 불로써 바위에 십계명을 썼
으니, 그것은 한 자도 틀린 것이 없으
며 나의 뜻이 아닌 것이 없음이니라.
10 그 십계명으로써도 나의 피조물 만백
성을 구원하고 구하지 못하였으니,
11 그것을 풀이하여 하나하나 나의 성령
을 직접 너 한 사람을 통하여 내려 짧
은 시간 속에 열여섯 권의 법전을 만
들어 전하니, 이보다 더 중요하고 소
중한 것이 어디 있더냐?
12 이 이치를 너희들이 깨달아야 할 것이
니라.
13 이보다 더 소중하고 더 귀한 것이 어
디 있더냐?
14 하루아침에 이 모든 열여섯 권을 쓸
수도 없으며, 가장 짧은 기간 동안에
나의 성령을 구구절절이 받아 네가 기
록하였으니,
15 이는 곧 십계명을 풀이한 것이니라.
16 그리고 하늘에 오르는 길이니라.
17 너의 제자들은 너를 따르며 나 여호와
가 존재함을 믿는 피조물 만백성에게
이 뜻을 전해야 할 것이니,
18 그리하여 법전이 소중하며, 이 법전을
기록한 네가 하나의 흐트러짐이 없이
가야 함이니라, 선지자야!

1,412 번째 하나님 말씀

2001년 7월 5일 07시 40분

1 사랑하는 선지자야!
2 "네, 여호와 하나님! 말씀하옵소서."
3 네가 나에게 말하여 이르기를 '여호와
하나님! 말씀하옵소서.' 그리 기도하
니,
4 나의 성령을 받아 기록하는 이 순간보
다 더 소중한 시간이 없으며 또한 이

를 받아쓰는 너보다 더 소중한 사람이
없음이니,
5 또한 나의 음성으로써, 나의 성령으로
써 기록된 나의 책을 접하는 너와 더
불어 같이 나의 법전을 공부하는 그
백성들보다 더 소중한 사람들이 없음
이니,
6 그들의 소중함을 깨달아야 할 것이며,
그들이 맡은 책무가 얼마나 위대한가
를 기억시켜야 할 것이니라.
7 이제는 나 여호와가 존재함을 믿으며
하늘에 오르고자 하며 지금까지 저희
나름대로 끌고 왔던 모든 종파들이 하
나로 희석될 때가 되었음이니,
8 그들을 다스리고 희석시키는 것이 나
의 법전이니라.
9 아울러 나의 법전을 기록하고 전하는
너는 이제는 애달픈 마음들을 달랠 때
도 되었으며 다스릴 때도 되었으니,
10 완벽한 삶의 생활을 그리도록 하라.

1,413 번째 하나님 말씀

2001년 7월 6일 07시 40분

1 "여호와 하나님!
2 지키겠사옵나이다.
3 저의 죄를 용서하여 주옵소서.
4 완벽히 가겠사옵나이다."

1,414 번째 하나님 말씀

2001년 7월 8일 06시 40분

1 사랑하는 선지자야!
2 "네, 여호와 하나님! 말씀하옵소서."
3 가는 길이 험하고 어렵다 하여 그 길
을 중도에 포기하고 가지 않는 사람도
있으며, 또한 스스로 그가 계획을 바
꾸어 가는 길을 중단 할 수도 있음이
니라.
4 너희들 인간사에서는 이해관계와 이
해득실에 따라서 더러는 마음을 바꾸
고 가는 길을 바꾸며 행하는 일을 바
꿀 수도 있음이니라.
5 그러나 나의 피조물 만백성은 그들의
육신이 살아온 삶에 대하여 그 대가를
받음이니,
6 그 대가의 무섭고 처참한 형국은 감히
너희들이 생각할 수도 없으며 상상할
수도 없음이니,
7 지옥과 같은 험하고도 어려운 벌을 받
는 그들을 구하며, 그리고 그와 같은
고통의 길을 갈 수 있는 나의 피조물
만백성을 구원하며,
8 또한 이 세상의 모두를 창조한 나의
뜻을 받아 너희 대대손손 전하며, 지
옥 불로 가는 자들을 낙원으로 오르도
록 할 수 있는 나의 법전을 전하는 대
명을 받아 그 길을 가는 너희들은 가
다 중단할 수도 없고 돌이킬 수도 없
으며 어렵고 힘들다 하여 중간에 포기
할 수도 없으니,
9 이를 너희가 먼저 깨우쳐야 할 것이니
라.
10 숨 막히고 어려운 터널에서 너희 몸을
돌이켜 온 길로 다시 나갈 수가 없다
면 오로지 전진하여 앞으로 나가는 길
밖에 없음이니,
11 터널이 작으면 몸을 낮추며 터널이 크
면 좀 더 편안한 자세로 너희들은 길
고도 먼 그 터널을 기어나가는 수밖에

없음이니,
12 거기서 좌절하며 생명을 잃고 버리며
자신을 포기하는 그와 같은 우를 범할
수가 없음이 바로 선지자 네가 가야
할 길이며, 너를 따르는 제자들이 가
야 할 길이고 나의 법전을 읽고 깨우
친 자들이 가야 할 길이니라.
13 이를 중단하지 말라.
14 그 좁고도 긴 터널을 지나면 하늘에
오르는 길이 있으며, 내가 너희들을
영접하기 위하여 기다리고 있음이니
라.
15 중도에서 포기할 수 없음이니라. 그리
고 돌아갈 수도 없음이며 버릴 수도
없음이니, 이를 명심하여 시행하도록
하여야 할 것이니라.
16 그리고 너의 제자들에게, 너를 따르며
나의 법전을 읽고 깨우친 자에게 말하
라.
17 한 권의 법전을 더 전하며, 한 권의 법
전을 더 전하기 위하여 나의 피조물
만백성의 손을 잡고 이곳에 오는 자는
그보다 큰 영광이 없음이니,
18 영광을 내리고자 하나 그를 받지 아니
하고 노력하지 아니한다면 그것은 너
희들의 복이며 너희들 탓이니, 그리
알아야 할 것이니라.

1,415 번째 하나님 말씀

2001년 7월 8일

(강론을 마치며)

1 사랑하는 선지자야!
2 "네, 여호와 하나님! 말씀하옵소서."
3 너를 향하여 눈방울을 빛나게 비추며
너의 음성을 듣고자 귀를 기울이는 사
랑하는 나의 백성, 너의 제자들에게
이리 전하라.
4 나의 성서에 일러 말하기를, '죄지은
여인에게 돌을 던질 자 있으면 던지
라.' 하였으니,
5 죄지은 자에게 돌을 던질 자격이 없는
자들이 집단으로 모여 소리 지르고 기
도하며 아우성을 친들 무엇하겠는가?
6 오늘 이곳에 모인 나의 백성 너희들은
죄지은 자에게 돌을 던질 수 있는 너
희들인가를 다시 한 번 돌이켜 볼 것
이며,
7 너희들은 내가 죄지은 자를 벌하라 했
을 때 그들에게 자신 있게 돌을 던질
수 있는 완벽하며 완전한 인간들이 되
어야 할 것이니라.
8 너희들은 인간이라는 소리를 들으며
나를 따를 수 없음이니라.
9 너희는 기계요, 너희는 목석이요, 너
희는 인간이 아니며 '저것은 인간도
아니다.'라는 소리를 너희 아내와 형
제와 자녀요, 너희 후손으로부터, 이
웃으로부터 듣는 자만이 나에게 오르
는 길을 볼 수 있음이니라.
10 너희들이 인간이라 하며, 인간의 형태
를 가지며, 인간이라는 마음과 인간의
삶을 갖고 나에게 오를 수 있는 길을
볼 수는 없음이니라.
11 모든 자들이 말하기를, '그는 인간이
아니다, 그는 인간이 아니다.' 하는 소
리를 너희가 들어야만 너희들이 하늘
에 오르는 그 빛을 보게 됨이요, 나의
음성을 듣게 됨이니, 나의 이 뜻을 깊
게 새겨 실행하여야 할 것이니라.

12 사랑하는 여인이 너희 손목을 잡고자
할 때, 그 손목을 내주지 않는 너를 보
고 인간도 아니요, 사람도 아니며, 목
석이요, 기계일 것이라고 여인은 말할
것이니라.
13 바로 그 소리를 너희들이 들으라 함이
니라.
14 그 소리를 듣는 자만이 나의 뜻을 알
것이니라.
15 너희들은 성서를 공부하였으며, 하늘
에 오르는 길이 무엇이며, 구약과 신
약이라는 것을 깨달아서 알았으며, 너
희들을 가르치는 종교 지도자 앞에서
수없는 기도 소리와 수없는 가르침을
들었느니라.
16 죄 있는 여인에게 돌을 던질 자 있으
면 돌을 던지라 하였음이니라.
17 여기에 모인 나의 백성, 나의 종의 제
자인 너희들은 내가 죄지은 자에게 돌
을 던지라 할 때 서슴없이 돌을 던지
고 돌아설 수 있는 너희들이 되어야
함이니,
18 이 뜻이 무엇인가를 너희들이 알 것이
니라.
19 이를 각자 오늘부터 나가 시행하는 삶
을 갖도록 그리하라.

1,416 번째 하나님 말씀

2001년 7월 9일 07시 40분

1 사랑하는 선지자야!
2 "네, 여호와 하나님! 말씀하옵소서."
3 너는 나의 피조물 만백성을 구하는 대
명의 위대함을 깊이 깨우쳐 만백성을
구하는 데 소홀함이 없도록 그리하여
야 할 것이니라.
4 그리고 내가 너희들에게 말하여 이르
기를 '나 외에 다른 신을 네게 있게 하
지 말라.' 하였음이니,
5 이는 어떠한 것도 너희들이 나보다 더
사랑하며, 더 아름답게 생각하며, 그
보다 더 소중함이 없는 것같이 생각하
는 그것 자체가 너희들 마음에 다른
신을 있게 함과 같다 말하였으니,
6 이는 나에게 경배하는 기도와 나에게
오고자 하는 너희들의 마음에 흔들림
이 있기 때문인 것이니라.
7 그리하여 어떠한 것도 너희들 마음속
에 깊이 연모하고 사랑하는 것을 두지
말라 하였음이니라.
8 이 이치를 깨달아야 할 것이며, 너를
따르는 모든 제자들에게 그리 가르쳐
야 할 것이니라.
9 아름다운 여인의 지난날을 생각하지
도 말며, 자신의 아름다운 잘못된 지
난 것을 생각하지 말라 하였으니,
10 그 자체가 죄악을 시행함에 있어 시초
라 말하였듯이,
11 어떠한 것에든 집착하며 연연하는 마
음을 가진다면 너희가 나가는 마음 자
세에 흔들림이 있음을 알아야 할 것이
니라.

1,417 번째 하나님 말씀

2001년 7월 10일 07시 45분

1 사랑하는 선지자야!
2 "네, 여호와 하나님! 말씀하옵소서."
3 나의 법전을 읽고 너를 따르는 너의
제자들과 너를 따르는 나의 피조물 만

백성에게 이 이치를 깨우쳐 주도록 하
라.
4 맛있는 음식을 저 혼자만 먹으며 나누
어 주지 아니한다 하면 그 사람은 대
표적인 이기주의자며 욕심쟁이라 말
할 수 있지 않으냐?
5 저만이 가지고 있는 상식이요, 저만이
가지고 있는 방법과 제가 알고 있는
모든 아름다움을 남에게 가르쳐 주지
아니하고 저 혼자만이 즐겨 하며 저
혼자만이 행복을 누린다면 그는 얼마
나 욕심쟁인가?
6 아무 데도 쓸 수 없고 인간의 도리를
다하지 못하는 가장 편협한 사람이라
그리 평해야 될 것이니라.
7 하물며 나의 성령으로써 하늘의 이치
를 알며 하늘에 오르는 길을 알며 나
에게 오르는 나의 음성을 직접 듣는
너희들이 저 자신만이 깨우치고 저 자
신만이 행복하고 저 자신만이 이를 간
직하고자 한다 하면, 꿀단지라는 것을
감추어 놓고 혼자 퍼먹는 자와 똑같은
형국이니라.
8 그보다 열배 백배 더 이기주의자며 더
욕심쟁이이니라.
9 너희 형제를 구원하며 이웃을 구원하
는 데 너희 모두를 다 바쳐야 할 것이
니,
10 많은 나의 피조물을 낚는 자, 그에 아
름다움과 행복이 있을 것이니라.
11 아무리 너희들이 나의 법전을 가지고
공부를 하며 그를 다 외운다 하여도,
그리고 그를 가지고 갑론을박하여 남
에게 하나도 손색이 없는 대화를 한다
하여도,
12 형제요, 이웃에게 구원의 손길을 뻗치
지 아니하는 자, 그들을 구원의 길로
인도하지 아니하는 자는 산속에서 하
늘의 뜻을 깨우치고자 혼자 저 자신이
고행의 길을 가는 자와 조금도 다름이
없느니라.
13 깊은 산 속에서 혼자 하늘의 뜻을 깨
우친들 그는 아무런 가치가 없고 소용
이 없다 말하였음이니, 어찌하여 너의
제자들과 너를 따르는 피조물 만백성
이 이 어리석은 우를 범하는가?
14 이를 깨우치라.
15 지나가는 자, 병들어 잠들어 가는 자,
병들어 쓰러져 있는 자, 그리고 제가
이 세상에 가장 위대하고 아무도 저를
따를 수 없다 말하는 자, 오만하고 교
만한 자, 가진 자, 없는 자, 배운 자, 배
우지 못한 자, 그들의 손을 끌고 네가
강론하는 나의 법전에 대한 그 소리를
듣도록 하는 것이 너희들의 근본이요,
가장 중대한 임무라는 것을 깨우쳐야
할 것이니라.
16 꿀단지라는 것을 혼자 감추어 놓고 퍼
먹는 그와 같은 너희들 제자가 되지
말라 깨우쳐야 할 것이니라.

1,418 번째 하나님 말씀

2001년 7월 11일 08시 10분

1 사랑하는 선지자야!
2 "네, 여호와 하나님! 말씀하옵소서."
3 떠 가는 구름의 흘러가는 방향을 인간
인 너희가 알 수 없듯이 너희는 세상
이치의 돌아가는 것을 보면서도 알 수
없음이니라.

4 그 깨달음과 그 알고자 함이, 너희들
의 지혜가 그곳에 멈추고 있음이니,
정녕 하늘나라의 그 형체와 그 움직임
과 그 돌아감을 너희들이 알 수 없으
며,
5 나 여호와의 주관에 이루어진 너희들
이 말하는 하늘나라의 그 아름다움은
너희들이 상상조차 할 수 없으며,
6 내가 존재하며, 나의 아들이 예수며,
너 또한 나의 선지자로서 나의 성령으
로써 나의 피조물 만백성을 이 하늘나
라에 오르게 하고자 하는 그 뜻을 알
수 없으며 이해할 수 없는 것은 당연
한 이치인 것이니라.
7 너희들이 부모를 말하여 낳아 주고 길
러 준 그 은혜와 그 공과 그리고 그 생
활의 방식을 너희들은 피부로 느끼고
살아왔으며, 어머니의 젖을 먹고 성장
하고 음식을 먹고 살아가는 것은 너희
들이 눈으로 보고 직접 체험하여 알
수 있으나,
8 너희들과 더불어 살아가는 이 지구상
에 깊은 바닷속의 돌아가는 형체를 너
희들이 모르며, 고산의 식물들의 꽃이
피고 지는 것 자체도 모르나니,
9 아니, 너희들의 발밑에 기어다니는 벌
레들의 삶까지도 너희들이 정확히 알
고 있다 생각하느냐?
10 너희들은 그조차도 모르고 있음이니
라.
11 눈으로 보고 만지며 살아가는 그 형체
의 생활조차도 모르는 것이 너희들의
한계이거늘, 하늘나라에 내가 존재함
을 어찌 알고 믿겠는가?
12 사랑하는 선지자야!
13 "네, 여호와 하나님! 말씀하옵소서."
14 내가 존재하며, 너희가 천사처럼 살다
와야 할 이곳에 내가 존재함을 너는
믿으며,
15 너는 네 살을 꼬집으면 아프듯이 그
아름다움과 또한 그 반대의 무서움이
엄연한 사실이고 그와 같이 존재함을
알아야 할 것이니라.
16 나 여호와가 존재하며 너는 아무것도
모르는 자라 네가 말하듯이, 너는 내
가 존재하며, 내가 존재하기에 무섭고
내가 존재하기에 행복함을, 내가 항상
네 머리 위에 있음을 알아야 할 것이
니라.
17 누가 무어라 해도 요한복음 16장에
기록되어 있는 그 내용이 나의 성령이
요, 곧 그가 나의 성령임이니,
18 누가 무어라 망언을 하든 누가 무어라
설명을 하든 답은 그가 바로 나의 성
령이니,
19 나의 성령을 받아 네가 기록하며 나의
성령을 법전으로 만들어 너희들의 삶
의 구도 속에 기록하여 나의 피조물
만백성을 대대손손 구하고자 하며 그
리 구하여질 것이니,
20 이를 기록한 너와 이를 읽고 깨우친
너의 제자들은 육신의 짧은 그 삶에
얽매이지 말라.
21 나의 이 뜻을 깊이 새겨 행하도록 하
라.

1,419 번째 하나님 말씀

2001년 7월 12일 07시 55분

1 사랑하는 선지자야!

2 "네, 여호와 하나님! 말씀하옵소서."
3 세상사 나의 피조물 만백성이 자기 자
신을 돌아다보며 자기가 서 있는 위치
가 어디에 와 있으며, 자기가 믿음이
라는 것을 가고 있는 것이 어떠한 길
을 가고 있으며,
4 하늘에 오를 수 있는 길을 가는 것인
지 하늘에 오르지 않는 길을 가고 있
는 것인지,
5 나 여호와의 뜻에 의하여 살아가는 것
인지, 나 여호와가 원하는 나의 에덴
동산에 오는 그 길을 찾아오는 것인지
그렇지 않으면 내가 원하지 아니하는
죽음의 길로 가고 있는지 그 자체도
모르면서 그들은 갑론을박하며 수없
이 저희 길만이 옳다 부르짖느니라.
6 그들의 말에 귀를 기울이지 말라.
7 그리고 그들의 말 속에 무엇을 얻고자
하지 말라.
8 이 세상에서 너희들이 하늘에 오르는
길이라 믿는 이 성서 외에 나의 성령
을 기록한 이와 같은 열여섯 권의 책
이 있는가 물어보라.
9 그리고 지금까지 너희들 중에 많은 것
을 하늘에 오르는 길이라 써내고 만들
어 낸 자 있으나, 그것은 저희들의 생
각이니라.
10 정녕 나의 뜻을 받아서 나의 성령을,
나의 음성을, 나의 심정을 기록한 자
있는가 물어보라.
11 네가 나를 위하여 기도하는 그 목소리
와 그 시간대에 네가 나로부터 들어
전하는 이 음성과 이 뜻은 내가 너에
게 내림이니라.
12 그들은 과연 나로부터 받아서 기록했
는가 그것을 물어보라.
13 단 한 페이지라도 나의 뜻에 의해 나
를 위하여 나의 음성과 나의 성령을
받아 기록한 책이라 하면 그것은 바로
나의 뜻이니라.
14 그러나 나의 선지자 너처럼 그리 오랜
세월 많은 성령의 나의 뜻을, 나의 피
조물 만백성을 구하는 그 단계의 성령
을 체계적으로 받아서 기록한 자 있는
가 물어보라.
15 그들은 저희들이 만들고 꾸며서 기록
한 책들이며, 저희들 생각으로써 기록
한 책이니, 그 책과 나의 법전과 감히
어찌 비교할 수 있다 생각하는가?
16 나의 성령이요, 나의 음성이요, 나의
뜻을 받았다 말하는 자들의 그 말에
귀를 기울이지 말라.
17 내가 너에게 말했느니라.
18 내가 마지막 성령을 너를 통하여 내려
나의 피조물 만백성을 구하기 위하여
오늘 열여섯 권의 법전을 만들었으며,
세상에 선지자가 둘일 때 나의 뜻이
잘못 전해짐이라 말하였느니라.
19 너희들이 구약과 신약을 만들며, 신약
의 시대라 하여 예수의 형제가 와 그
고통을 겪고 간 일이 없느니라.
20 오로지 나의 아들 예수 혼자서 나의
뜻을 전했으며, 내가 원하는 길을 나
의 피조물 만백성에게 전하고자 하여
스스로 그 고통의 길을 왔음이니라.
21 너 또한 두 사람으로써 나의 법전을
만드는 것이 아니며, 두 사람이 나의
성령을 받아 만드는 자 없음이니, 이
를 너는 스스로 깊이 깨우쳐야 할 것
이며, 어떠한 자와도 갑론을박하지 말

라.
22 단 10분을 앉아 말을 하면 그들의 속
내를 알 수 있는 것을, 너는 어찌하여
그들과 갑론을박하며 그들이 하는 이
야기에 귀를 기울이는가?
23 너는 나의 성령이요, 내가 가르쳐 준
나의 법전에 따라 움직이고 행하면 될
것이니, 이가 흔들리면 아니 됨을 알
아야 할 것이니라.

1,420 번째 하나님 말씀

2001년 7월 14일 06시 45분

1 사랑하는 선지자야!
2 "네, 여호와 하나님! 말씀하옵소서."
3 내가 너에게 일러 십계명에 '나의 법
전을 가슴에 안고 정독하는 자, 반석
위에 일어서 하늘에 오르는 찬란한 빛
을 보는 영광을 얻음이라' 말하였으니,
4 이곳 나의 성전에 와 나의 법전을 읽
고 너의 강론을 듣는 자 중에 부귀와
영화를 원하는 자 있거든 부귀와 영화
의 은혜를 주는 곳을 찾아가라 이르라.
5 나의 법전을 읽고 강론하는 이곳 성전
은 너희들이 깨닫고 깨달아 하늘에 오
르는 그 빛을 보는 영광을 내가 내림
이라 말하였으니,
6 그 하늘에 오르는 영광을 보고 얻은
자가 육신의 부귀와 영화를 또 원한다
하면, 그는 산천에 물을 떠 놓고 기도
하며 저희들의 소원을 빌며 구원을 얻
고자 하는 그곳에 찾아가 공을 들이라
하라.
7 나의 성전에 찾아오는 자 중에 남들보
다 호의호식하며 부귀영화와 권력을
얻으며 힘을 얻는 것을 위하여 이곳에
오는 자 있다면 그는 무엇이더냐?
8 나와 거래하고자 함이 아니더냐?
9 분단장 곱게 하고 나의 성전이라고 저
희들이 만든 곳에 소원을 빌고 뜻을
빌기 위하여 기도하러 가는 자의 그
목소리와 그 음성은 파도 소리만큼도
들리지 아니한다 말하였으며 나와 무
관하다 말하였거늘,
10 나의 성전에 와 나의 법전을 연구하고
공부하며 하늘에 오르는 빛을 깨우치
고자 하는 너희들이 무엇을 얻고자 하
는 마음이 바탕에 깔려 있다 하면, 너
희들 또한 거래하고자 하는 자이니라.
11 이곳에 오는 자, 나의 법전을 읽고 깨
우쳐 하늘에 오르는 빛을 보며, 그 빛
에 따라 시행하고 실천하며 실행함으
로 인하여 만인에게 또한 빛이 되어
나의 피조물 만백성을 구하기 위하여
선택된 자들이니라.
12 나의 성전에 와 무엇인가를 구하고 육
신의 안일을 위하여 무엇인가를 얻고
자 한다면 너희들 또한 잘못 믿음의
길을 가는 자와 다른 것이 하나도 없
음이니,
13 나의 백성들, 나의 제자를 따르며 나
의 법전을 읽고 깨우친 나의 가장 소
중한 백성인 너희들의 가슴에 파장을
이루는 말을 하는 자는 스스로 이곳을
조용히 떠나도록 길을 열어 주라.
14 그리고 그는 명예와 육신의 권력과 재
물을 모을 수 있고 그와 같은 은혜와
은총을 주는 곳에 가 머리 숙여 기도
하라 그리 이르라.
15 나는 거래하고자 하는 자들을 나의 성

전에 두고자 함이 없느니라.
16 나의 법전을 읽고 깨우치고자 하는 자
들이 나의 법전을 가슴에 안는 순간에
저의 부귀와 영화를 원한다 하면 나의
법전에 써 있는 그 뜻과 내용을 전혀
알 수 없는 자가 되어 버리니,
17 지금의 성서가 수박의 겉핥기만도 못
하고 겉에서 맴돌며, 비 쏟아지는 날
개구리가 하늘에 오르겠다, 용이 되어
날겠다고 뛰는 형국과 같으니,
18 나의 성전에 그러한 자가 발을 들여놓
게 할 수 없음이니라.
19 이를 깊이 깨우쳐 그들에게 전하라.

1,421 번째 하나님 말씀

2001년 7월 15일 08시 05분

1 사랑하는 선지자야!
2 "네, 여호와 하나님! 말씀하옵소서."
3 세상의 모든 것이 제자리를 지키지 아
니하며 제자리에서 제 직분에 충실치
아니할 때 너희들이 가슴으로 받는 것
은 슬픈 재앙뿐이니라.
4 모든 것이 정상적이 아니며 제자리를
지키지 아니하며 제자리에서 제 직분
을 충실히 하지 아니할 때 나의 피조
물 만백성 너희들이 가슴에 받는 것은
슬프고 무서운 일이며 너희들이 감내
할 수 없는 일들인 것이니라.
5 하물며 만물의 영장이요, 만물을 지배
하는 나의 피조물 만백성 너희들이 제
자리를 지키지 아니하며 제 직분에 충
실하지 아니할 때, 너희는 너희들의
그 자리로 돌아갈 수 없음을 깨달아야
할 것이니라.
6 너희들은 왔던 것과 마찬가지로 가야
할 길이 있으며, 너희들이 위치할 너
희들 자신의 자리가 있음이니라.
7 너희들이 정상적인 위치에서 정상적
인 삶과 정상적인 모든 것을 시행하고
지키지 아니할 때, 너희는 너희 자리
로 돌아갈 수 없음을 알아야 할 것이
니라.
8 나의 피조물 만백성 너희들이 왔던 위
치로 돌아갈 수 있는 것은 창조주인
내가 말하는 나의 계명에 따라 살며
나의 뜻에 따라, 내가 너희들에게 원
하고자 하는 그 뜻에 따라 사는 것이
니,
9 그것이 정 위치에서 너희들의 자리를
지키는 것이며 정 위치의 삶인 것이니
라.
10 내가 너희들에게 지키라 하여 불로 내
린 그 십계명 자체도, 살인하지 말며
죄짓지 말며 간음하지 말며 도적질하
지 말라 내가 명한 그를 지킬 수 없기
에 너희들은 사는 대로 살다 나에게
와 용서를 빌면 구원을 받을 것이라
말하고 있음이니,
11 이리 말하는 자, 이와 같은 말을 듣는
자는 한 사람도 구원을 받을 수 없음
이니라.
12 무엇인가를 들어 깨달았으며 무엇인
가를 알아 세상사를 안다 말하는 자가
네 앞에 와 있거든,
13 모든 인간사 삶에도 제자리를 지키지
아니하며 제자리에서 직분을 수행하
지 아니할 때 너희들이 가슴으로 받는
것은 고통과 슬픔뿐이라 말할 것이며,
14 인간사의 너희들의 형체에서 너희들

이 출발하는 곳에서 너희들의 자리로
그대로 돌아올 수 있는 것은 너희들이
무너지지 아니한 모습이어야 할진대,
15 그 모습이 무너지고 부서진 상태에서
제자리로 와 제 직분을 수행할 수 없
음이라는 것을 깨우쳐 주어야 할 것이
니라.
16 그러니 수천 년 역사 속에 구약과 신
약을 가르치는 자 말하기를, 죄짓고
용서를 빌면 되며, 인간이기 때문에
나의 계명대로 살 수 없다 하여 그들
을 가르친 자, 그들이 가르치는 소리
를 들은 자는 그리하여 내가 하늘의
내 옆에 오른 자 하나도 없다 말함이
니,
17 이 이치를 오늘 너의 제자들에게 일깨
워 주어야 할 것이니라.

1,422 번째 하나님 말씀

2001년 7월 15일

(강론을 마치며)

1 사랑하는 선지자야,
2 배가 고프면 배를 채우며 자고자 하면
잠을 자는 짐승들의 삶이 십 년이요,
백 년이 흘러간들 그곳에서 남는 것이
무엇이 있겠느냐?
3 배가 고프면 먹으며 잠자고자 하면 잠
을 자며 또 강자에게 당하면 제 목숨
을 잃고 그와 같이 살아가는 것이 그
들의 세계인 것이니라.
4 그러나 나로부터 지혜와 생각하는 능
력을 받은 인간 너희들은 과연 어찌
살아야만 하겠는가?
5 짐승들과 같이 배가 고프면 배를 채
우고 잠자고 싶으면 잠을 자며 강자에
게 잡히면 그 목숨을 잃는 그러한 삶
을 사는 너희들이 아니거늘,
6 너희들이 그와 같은 삶을 산다 하면
얼마나 인생을 잘못 살아가는 것인가?
7 너희들 말에 진주를 돼지우리에 던지
지 말라 하였으니, 바로 그와 같은 것
이니라.
8 생각을 하고 깨달아서 하늘에 오르는
영광의 길을 얻을 수 있는 너희들이
짐승과 같이 잠자고 먹고 생각하는 것
에만 치우치고 그 이상의 깨달음이 없
다 하면, 너희들이 짐승과 다른 것이
무엇이 있다 말할 수 있겠느냐?
9 오늘에 너희들이 모여서 나를 위하여
경배하며 나의 법전의 나의 성령을 너
희 가슴속에 새기고자 하였으나,
10 너희들이 이 장을 덮고 나간 그 순간
부터 너희들 마음이 흔들린다 하면,
너희들 마음속에 이룬 지금의 아름다
운 그 마음이 나가 밖에서 불어오는
그 바람을 막을 수 있는 지혜와 능력
을 갖지 아니한다 하면, 너희들은 존
재함의 가치가 없음이니라.
11 오늘보다 내일의 깨달음이요, 내일보
다 모레의 깨달음이 더 높아 너희들이
나에게 오르는, 그 하늘에 오르는 계
단을 하나, 둘, 셋, 넷 올라오지 아니
한다 하면 너희들은 바로 먹고 자는
짐승과 다름이 없느니라.
12 나는 나의 사랑하는 피조물 만백성 너
희들을 짐승이 되게 하기 위하여, 짐
승을 만들고자 하여 너희들에게 지혜
와 능력과 생각하고 판단하는 능력을
주었음이 아니니라.

13 이 값지고 보배로움을 너희들에게 준
이 한 가지만을 너희들이 생각한다면
나 여호와에게 너희들이 매일 절을 하
며 기도해도 그 은혜에 보답할 수 없
음이니라.
14 사랑하는 나의 선지자의 음성을 듣고
모여 있는 너희들은, 나의 성령으로써
나의 선지자를 통하여 전하는 나의 음
성을 듣고자 모인 너희들은 오늘이 내
일과 다르며 내일과 모레가 다른 것이
아니라,
15 너희들이 말하는 시계추가 돌아가는
1초, 1분마다 너희 마음을 다스리고
갈고 닦아도 너희들이 하늘에 오르는
나의 아들 예수의 그 마음에 미치지
못할 것이니,
16 너희들은 하루하루 변하는 것이 아니
라 초를 다투어 너희 마음이 변하고
깨달음이 높아야 할 것이니라.
17 누가 말하거든 너희들은 말하라.
18 나 여호와에게 오른 자 아무도 없음이
니 내 곁에 누구도 와 있지 아니함이
니라.
19 이는 나의 선지자가 말했듯이, 나의
아들 예수가 내 옆에 왔으니, 그와 같
이 깨달은 자가 없으니 어찌 그 옆에
올 수 있다 말할 수 있는가?
20 그리하여 한 사람도 와 있음이 아니니
라.
21 너희들은 시간과 초를 다투어 마음을
다스리고 깨우쳐야 할 것이니, 이를
명심하여 시행하는 자들이 되어야 될
것이니라.
22 너희들은 정녕 깨우쳐 나의 피조물 만
백성에게 나가 나의 법전을 전하는 자
들이 될 것이니라.
23 그리고 강론하는 자들이 될 것이니라.
24 나의 뜻의 100이라는 것 중에 90을
깨우쳐 강론하는 자의 말이 아름답겠
는가, 10이나 20을 깨우쳐 가서 강론
하는 자의 말이 아름답고 그들이 깨우
치기 쉽겠는가?
25 너희들은 높이 가야 될 것이라.
26 그리고 깊이 깨달아야 될 것이니라.
27 그리고 너희들이 깊이, 높이 변화되어
야 될 것이니라.
28 내가 오늘 너희들에게 말하느니라.
29 너희 형제와 부모를 네 몸처럼 사랑하
는 것부터 실천하라.
30 그것을 실천한 다음에 너희들이 이웃
을 네 몸과 같이 사랑할 수 있음이니
라.
31 너 자신만을 사랑하며 너희 형제와 너
희 부모를 네 몸과 같이 생각하지 못
하는 자가 이웃을 네 몸과 같이 생각
한다는 것은 생각할 수도 없음이니,
32 우선 이 간단한 이치부터 깨우쳐 실행
하여 너희들이 반석 위에 일어서는 그
와 같은 너희들의 아름다운 모습을 만
천하에 비추도록 그리하라.

1,423 번째 하나님 말씀

2001년 7월 16일 08시 30분

1 사랑하는 선지자야!
2 "네, 여호와 하나님! 말씀하옵소서."
3 이 세상 나의 피조물 만백성의 생김새
가 다 다르듯이 생각하는 것이 다 다
르다 말하였으니,
4 그들의 마음과 그들의 속사정과 속내

를 알려 하지 말라.
5 그 하나하나를 네가 안다 하면 너는
재가 되어 견딜 수가 없음이니라.
6 내가 너에게 말하여 일렀듯이, 잘못하
여 죄를 짓는 자는 그가 그 죄목에 대
한 대가를 치를 것이니, 그렇다 하여
그에 대해 갑론을박을 해서는 아니 된
다 내가 너에게 말하여 일렀듯이,
7 어떠한 생각과 어떠한 내용의 뜻이 너
에게 전달된다 하여 그들의 속내까지
알려 하지 말라.
8 네가 생각하며 네가 가고자 하며 네가
하는 말과 네가 하는 행동을 남들이
모르며 생각할 수 없듯이, 너 또한 그
들의 속내까지 알려 한다 하면 너는
스스로 재가 될 것이며, 네가 가는 길
에 아무런 도움이 되지 아니함이니라.
9 너에게는 넘고 넘어야 할 산들이 너무
많으며, 가야 할 길이 너무 멀리 있음
이니라.
10 그 험악한 산과 험악한 길을 가야 하
는 너에 대하여 아무도 알 수 없음이
니라.
11 네가 여인의 손목을 잡았다 하여 그
여인의 손목을 잡은 것만을 탓할 수
있는 그들이며,
12 잡아야 되는 그 이유를 아무도 알 수
없으며, 잡을 수 있는 그와 같은 행위
가 어디서부터 시작되었으며 왜 잡았
는가 하는 것을 아무도 알 수 없음이
니,
13 너는 깨달으며 실천하며 나의 기도와
나의 묵상에 의하여 행동하고 살아가
면 되는 것이니,
14 그 외에 어떠한 언성과 고성과 너에게
손가락질하며 말하는 것까지도 네 마
음에 동요의 파장을 이루어서는 아니
됨이니라.

1,424 번째 하나님 말씀

2001년 7월 16일 10시 20분

1 사랑하는 선지자야!
2 "네, 여호와 하나님! 말씀하여 주옵소
서."
3 내가 너희들에게 일러 말하기를, 너희
들 머리로 생각하지 말며, 하늘의 이
치를 깨달으려 하지 말며, 나 여호와
의 전지전능함을 따르려 하지 말며,
흉내 내지도 말며 이를 알려고도 하지
말라 함이니, 이를 내가 너에게 일찍
깨우쳐 주었음이니라.
4 너희들의 생각과 너희들의 머리로써
그 이상 무엇인가를 알고자 함에 알아
야 할 것과 알지 못하는 한계가 있음
이니,
5 나 여호와의 존재함을 더 깊이 캐려
하지 말며 나의 주관됨을 너희들이 주
관하려 하지 말라.
6 나 여호와의 전지전능함이라 너희들
이 말하는 그곳에 너희들이 서 있는
위치가 어디에 있으며 무엇인가를 깨
달아, 너희 스스로 낮은 자라 깨닫도
록 하라 말하였으며,
7 더불어 너희들은 나의 행하고 있는 이
모두를 알려 하지 말며 보려 하지 말
라.
8 너희들이 행하고 생각하는 것이 한계
가 있음이니, 나의 뜻을 따를 수 없으
며 내가 주관함을 너희가 볼 수 없으

며 깨달을 수 없음이니라.
9 너희들이 생각하기를, 지나는 걸인이
나 어려운 자에게 밥 한 끼를 대접하
며 동전 몇 닢을 놓고 가는 것이 사랑
이요, 실천이라 생각하겠지만,
10 한 끼의 끼니를 대접하면서 다음의 끼
니를 걱정해 줄 수 있는 마음이 필요
한 것이며, 그와 같이 사랑을 베풀 수
있음이니라.
11 한 닢의 동전을 던져 주는 것으로 만
족함이 아니요, 다음에 다음에도 줄
수 있는 동전을 그가 필요한 만큼 줄
수 있는, 그가 간절히 애걸하고 요구
하는 것을 줄 수 있는 그 마음이 사랑
인 것이니라.
12 길가다 여비가 없어 손을 내미는 자에
게 그 여비만을 손에 쥐여 주면서 사
랑을 베풀었다 말할 수 있는 것이 아
니니라.
13 '이다음에 당신과 같은 사람이 생기거
든 당신도 서슴없이 그 사람을 도와주
시오.' 하고 더 얹어서 그에게 베푸는
사랑을 보여 줌이 또한 자선이요,
14 사랑에 그와 같은 것도 있으며 그와
같은 길이 있음이니라.
15 차비가 없어 망신을 당하는 노인에게
대신 차비를 내주면서 그것이 많은
사람으로부터 당당한 모습처럼 자기
를 내세우고자 자랑하는 것이 아니라,
16 그 몇 배의 차비를 그 기사에게 주며
다음에도 어렵고 불쌍한 사람이 있거
든 그 돈으로 그 노인들의 입장을 곤
란하게 하지 아니하고 그를 차에 태워
다 줄 수 있는 여비로 쓰라 하며 돈을
줄 수 있는 그 마음의 사랑과, 그가 베
푸는 그 온정의 사랑과, 한 번의 어려
움을 베풀어 주면서 생색내고자 하는
그 모습 중에 어떠한 사랑이 위대한
사랑이며 어떠한 사랑이 더 진정한 사
랑인가를 깨달으며,
17 사랑을 베푸는 한계가 끝이 없다는 것
을 너희는 깨달아야 할 것이니, 이게
바로 나 여호와의 뜻이니라.
18 그리고 나에게 오르는 자가 베풀 수
있는 사랑인 것이니라.
19 나에게 향하는 자가 베풀 수 있는 사
랑이 그와 같음이니라.
20 없는 자에게 한 끼의 밥을 사 먹이는
것으로써 너희들은 큰 사랑을 베풀며
남이 할 수 없는 일을 이루었다 할 수
있으나,
21 그 한 끼의 밥을 얻어먹은 자에게 그
다음에 잠자리를 보살펴 줄 수 있고,
그다음에 그가 깨고 나서 또다시 일을
할 수 있는 자리를 준비해 줄 수 있는
그와 같은 사랑을 베푸는 자가 있음이
니,
22 한 끼의 식사를 대접하고 생색내는 사
람의 그 사랑이 있는가 하면, 잠자리
를 걱정해 주며 다음의 일자리를 걱정
해 주며 그가 바로 설 수 있는지를 걱
정해 주는 그 사랑이 또 있음이니,
23 나에게 오르고자 베푸는 나의 백성들
의 사랑은 끝이 없음이니, 선행을 베
푸는 것이 끝이 없음이라 내가 너에게
말하였음이니라, 선지자야!
24 그러니 너희들은 내가 주관하며 내가
행하는 것을 알려고 하지도 말며 그를
바라보려 하지도 말라.
25 죽은 자 가운데 그를 살릴 수 있는 기

적이 있다 해도 너희들이 행할 수 없
음이니,
26 너희들은 그저 나에게 기도하고 경배
하며 얻는 그것으로써 실행하면 될 것
이니,
27 내가 존재하는 세상의 이치를 깨달으
려 하지 말라.
28 "여호와 하나님!
29 어렵고도 끝이 없는 이 삶의 길을 저
와 같이 우매하고 둔하며 어리석으며
간교하고 간악한 인간에게 가게 하시
고,
30 어찌하여 가슴을 태우는 그 주옥과 같
은 성령의 그 말씀을 저를 통하여 전
하게 하셨으며,
31 만백성을 구한다는 명분하에 저의 제
자들 앞에 제가 서 강론하게 하시고,
저와 같은 버러지만도 못한 이 인간을
세우셨나이까?
32 저에게 내리시는 모든 은혜와 은총을
거두어 주옵소서."
33 네가 나에게 드리는 기도 자체가 네가
생각하기에 겸손하고 낮은 자로서의
애절한 기도라 너는 말하나, 이는 너
의 오만이니라.
34 너는 이와 같은 기도를 나에게 드릴
수 없으며, 네가 감히 생각할 수도 없
음이니라.
35 너는 내가 명함을 실행하고 순종하면
될 것이며,
36 네가 그와 같이 나에게 너의 아픈 마
음의 기도를 전할 수 있다 하면 이를
가슴에 두고 실행하고 실천함이 더 우
선이니라.
37 내가 있는 이 나의 나라요, 내가 행하
며 주관하여 이루어지는 모두를 내가
나의 피조물 만백성에게 알려 하지 말
라 하였으니,
38 네가 감히 내가 주관하는 뜻을 어찌
알 수 있다고 네가 너의 죄요, 너의 잘
못이요, 너의 우매함이며 간교함이며
간악함이라 나에게 말할 수 있더냐?
39 이는 너의 오만이니라, 선지자야!
40 "여호와 하나님! 저의 마음을 어찌해
야 하오리까?"
41 세상을 보지 말며 눈을 감고 깊은 잠
에 들라, 선지자야!
42 그리고 기도하고 묵상하라.
43 기도하고 묵상하라, 선지자야!

1,425 번째 하나님 말씀

2001년 7월 17일 06시 35분

1 사랑하는 선지자야!
2 "네, 여호와 하나님! 말씀하옵소서."
3 너희들이 매일 섭취하는 음식에도 양
념이라 하는 것이 있느니라.
4 그들은 온갖 맛을 내며 너희들에게 맛
있고 좋은 음식을 만들어 주는 역할을
하나니,
5 그러나 그것이 과다하게 또는 적게 그
분량에 맞지 않은 양을 사용한다 하면
맛있게 너희들이 즐길 수 있는 음식이
아니라 고통스러운 맛을 내는 역할을
하게 됨이니라.
6 모든 것은 제자리에서 제 소임을 다하
고 제가 가지고 있는 역량을 발휘할
때 아름다운 것이니라.
7 내 모두를 태워 마지막으로 나의 피조
물 만백성을 구하고자 하는 나의 성령

을 가슴으로 받는, 세상의 모든 피조
물 만백성 중에 한 사람이요, 앞으로
는 두 번 다시 내보낼 수도 없으며 두
번 다시 명할 수 없는 나의 선지자요,
나의 성령을 받아 기록하는 너는,
8 네가 지켜야 할 자리가 있으며, 행해
야 할 자세가 있으며, 남들에게 보여
야 하는 너 자신의 자세가 있음이니라.
9 또한, 나의 법전을, 나의 이 성령을 기
록한 것을 읽고 깨달은 자들과 나의
법전을 접하며 무엇인가를 위하여 하
늘에 오르고자 노력하는 자, 그리고
만백성을 구하고자 하는 너의 제자들
또한 그들이 갖춰야 할 덕목과 시행하
여야 할 자세와 행하여야 할 기본이
있음이니,
10 이를 어기고 이를 지키지 아니한다 하
면 깨닫지 못한 자보다 더 잘못된 자
임을 알아야 할 것이니라.
11 깨달은 자가 자기 직분을 다하지 아니
하며, 깨달은 자가 자기의 깨달음을
시행하지 아니하면 이는 알면서 나를
기만하고 나를 속이고 나의 앞에 와
기만하는 죄를 스스로 지음이니,
12 시행하지 아니하려면 나의 법전을 보
지 말며 읽지 아니하며 듣지 아니하는
자가 되어야 할 것이니라.
13 나의 법전을 읽어 깨우치고자 하는
자, 너의 강론을 듣고 깨우쳤으며 깨
우치고자 하는 자가 거기에 걸맞은 행
위와 행동을 하지 아니하고, 그를 실
천하지 아니하고 실행하지 아니한다
하면, 이는 나에게 순종하지 아니함이
니,
14 알면서 순종하지 아니하는 자, 그 죄
또한 감당하기 어려움이니라.
15 그리하여 나의 법전을 들고 나의 성전
을 찾아오는 자가 법전을 가슴에 안고
정독하지 아니하며, 이것이 나 여호와
의 뜻이라 하여 모두를 바쳐 실행하고
순종하지 아니하려면, 떠나라 함이니
라.
16 그리고 그들을 기꺼이 보내 주라 함이
니라.
17 인간으로서 내가 가장 아름다운 모형
으로 만든 나의 피조물들이 육신의 잘
못 살아옴으로 인하여 나에게 와 벌을
받고 고통을 겪는 것을 보기가 너무
아파, 나의 모든 성령과 나의 모두를
태워 너에게 전하여 법전이라 하는 열
여섯 권의 책으로 만들어 그들을 구원
하고자 하니,
18 차라리 모르고 죄를 짓고 오는 자는
그 죄가 가벼울 것이나, 나의 뜻과 나
에게 오르고자 하는 길이 무엇이며 너
희들이 실행하고 지켜야 할 근본이 무
엇인가를 깨달은 자가 그를 시행하지
아니하면 그 죄가 더 무거움이니,
19 그리하여 내가 너희들에게 일러 떠나
라 함이니라.
20 제가 깨우치지 못하였으며 제가 지킬
수 없다 하여 떠나는 자는 이곳에 남
아 시행하고 순종하지 아니하는 자보
다 죄가 가벼우니, 내가 너희들에게
떠나라 함이니, 이 이치를 깨우쳐 주
라.

1,426 번째 하나님 말씀

2001년 7월 17일 06시 45분

1 천 년의 역사와 천 년의 아름다움을
지니고 있는 보배라 하는 것도, 그리
고 아무리 소중한 것도 갈고 닦아 주
며 관리하지 아니하면 하나의 조약돌
과 같은 것이니,
2 천 년의 찬란한 역사를 지닌 소중한
물건보다도 더 빛이 나고 아름다운 나
의 성령의 뜻을 듣는 자들이 시행하지
아니한다 하면 이는 스스로 짐승만도
못한 길을 가고자 함이니,
3 짐승만도 못한 자들의 발아래 나의 모
두를 태워 구하고자 보내는 나의 성령
을 줄 수 없으며 그들의 귀에 들려줄
수 없음이니,
4 깨닫고자 깨우쳐 몸소 실행하며 실천
하고자 하는 자, 그리고 순종하는 자
에게 깨우침을 전할 것이며, 나의 법
전을 전해야 할 것이며, 나의 법전의
뚜껑을 열게 하여야 할 것이니라.

1,427 번째 하나님 말씀

2001년 7월 18일 08시 10분

1 사랑하는 선지자야!
2 "네, 여호와 하나님! 말씀하옵소서."
3 내가 내 가슴의 모두를 다 태워 너를
통하여 이 세상에 귀하고도 귀한, 너
희들이 영원히 살고자 평생을 기원하
고 기도하는 그 소원을 들어주며 그
길을 이룰 수 있는 나의 법전을 세상
에 내보냈으니,
4 이를 읽고 깨달은 너의 제자와 너를
따르는 자들이 깊이 깨달아야 함이 있
느니라.
5 이는 곧 바람이 불어도, 세상이 다 천
재지변에 의하여 변화된다 하여도 너
희들 마음이 흔들림이 없어야 함이니
라.
6 내가 나의 성령으로써 나의 선지자를
통하여 너희들 가슴속에 성령을 내려
줌이니,
7 이는 곧 글로써 너희들이 읽고 깨우쳐
그 속에서 새싹이 나고 깨달아져 오는
그게 성령이 충만한 것이며,
8 그 깨달음의 크기에, 또 그 깨달음의
느낌에 따라 나의 마음이 너희들 가슴
속에 심어짐이니,
9 정녕 진정한 나의 성령을 가슴에 받아
그를 보고 깨우쳐 전진하는 너희들의
마음에 흔들림이 있어서는 아무런 뜻
도 이룰 수 없음이니,
10 나의 법전을 읽고 따르는 자에게 너는
일깨워 주어야 할 것이니라.
11 나 여호와의 성령을 가슴에 받아 하늘
에 오르는 길이 무엇인가를 알며 너희
들이 뜻하는 바를 이루는 길에 들어선
자는, 어떠한 고난과 역경이 닥친다
해도 마음이 흔들리면 아니 되며 나의
법전을 손에 놓는 그와 같은 우를 범
해서는 아니 됨이니라.
12 그들에게 일깨워 주라, 흔들리는 마음
을 가져서는 아무것도 이룰 수 없음을.
13 흔들리지 않는 반석과 같은 굳은 마음
만이 나의 법전을 읽고 하늘에 오르는
빛을 반석 위에서 볼 수 있음이니라.
14 이를 또한 너희들이 알아야 할 것이니
라.

15 정녕 나 여호와의 가슴을 태워 너희들
에게 내려보낸 이 성령이 얼마나 소중
한가를 알며 하늘에 구원의 길을 받을
수 있음이 얼마나 소중한 것인가를 알
면 나의 법전이 얼마나 소중한가를 알
것이며, 나의 법전을 받아 기록하는
선지자 또한 얼마나 소중한 사람인가
를 너희들이 알 것이며,
16 그보다 더 소중함이 있으니, 이는 곧
깨우친 자들이 모여서 서로 깨우침을
통하며 깨우침을 논하는 것은 나의 성
령으로써 나의 뜻으로 너희들이 말하
고 행함이니,
17 네 앞에 앉아 있는 자가 얼마나 소중
하며 귀중한가를 너희가 알아야 될 것
이며,
18 너 자신 또한 그와 같이 소중하고 귀
함을 너희는 먼저 알아야 할 것이니라.
19 너희들 몸속에 나의 성령이 임하여 있
으니 너희들 자신이 얼마나 소중하고
귀한 나의 자식이고 나의 백성이며 나
의 피조물인가를 알아야 할 것이니라.
20 이와 같은 이치를 너의 제자들에게 일
깨워 줘야 될 것이니 그리 알라.

1,428 번째 하나님 말씀

2001년 7월 19일 07시 50분

1 사랑하는 선지자야!
2 "네, 여호와 하나님! 말씀하옵소서."
3 내가 너에게 일러 말하기를, 이 열여
섯 권의 법전이 나의 성령이라 말하였
음이니,
4 너희들이 살아가면서 진실보다 더 위
대한 것이 없듯이, 이는 너희들이 듣
고 읽고 깨달아야 할 하늘에 오르는
근본이고 길이니라.
5 이는 정녕 나의 성령으로서, 나의 피
조물들이 읽고 깨우쳐 하늘에 오르고
못 오르는 그 근본의 법전이라 말하였
으니,
6 너는 서두르지 말라.
7 그리고 너희들은 서두르지 말며,
8 너희들이 무엇인가를 얻고 구하려 하
기 전에 나의 성령, 나의 법전에 들어
있는 그 뜻을 깊이 음미하고 깨우치는
것이 너와 너의 제자들이 해야 할 일
인 것이니라.
9 모든 너의 제자들은 그곳에 매달리라
이르라.
10 이는 정녕 나의 진실한 성령이며 하늘
에 오르는 길이니, 너희들은 조급히
생각하지 말며 불안해하지 말며,
11 오로지 나의 법전 속에 들어 있는 그
뜻을 깨닫는 데에만 전념을 다하도록
이르라.
12 그것이 제일 먼저 해야 할 일이니라.
13 그리하여 너희들이 나의 피조물 만백
성을 구해야 할 자들이니 이것부터 시
행하도록 하라.
14 너희들이 나의 법전을 가지고 나가 전
함에 있어서 그 뜻이 하나가 되지 아
니하면 아니 되며,
15 그리고 너희들이 그 속에 들어 있는
나의 뜻을 깨닫지 못한다면 너희들은
나의 피조물 만백성을 구할 수가 없음
이니라.
16 그리고 너는 시행하라.
17 너의 제자들이 안식일에 모여 나의 법
전을 연구하고 공부할 때, 너희들이

다시 만나는 동안에 선하고 착하게 변
화된 그 내용들을 기록하여 각자 네
앞에 보고하도록 하여 네가 그 내용을
듣도록 그리하라.
18 너희들이 하늘에 고하는 그 시간을 갖
도록 하라.
19 너희들이 일주일 동안 무엇이 변했고
어떠한 선행을 했으며 무엇을 깨달아
무엇을 실천했는지 그를 매일 내 앞에
와 보고하도록 그리하라.
20 그리하여 깨달음이 없으며 일기장에
거짓이 있는 자는 나의 성령의 성전에
올 자격이 없음이니,
21 너는 그를 판별하며 그가 진실인가 위
선인가를 구분하여 깨달아 그들을 인
도해야 할 것이니라.
22 오늘부터 너희들은 그와 같은 깨달음
을 기록하여 안식일에 모이는 그날 각
자의 변화된 모습을 보고토록 하라.

1,429 번째 하나님 말씀

2001년 7월 19일 19시 10분

1 사랑하는 선지자야!
2 "네, 여호와 하나님! 말씀하옵소서."
3 나의 타는 가슴의 성령을 받아 네 가
슴을 통하여 만백성을 구하는 열여섯
권의 법전을 만들어 너희들의 대대손
손 나의 피조물을 구하는 대업을 이룬
너를 세상에서 감히 바라보는 자, 세
상에서 네가 존재함을 아는 자, 세상
에서 나의 법전을 설법하는 목소리를
듣는 자, 나의 법전을 강론하는 것을
바라보는 자, 그들은 그 이상의 영광
과 은혜가 없음이며,
4 너 또한 만백성 중에 선택된 나의 선
지자로서 이 대업을 이룬 네가 얼마나
소중하며 얼마나 귀한 자인지 이제야
깨달았음이니,
5 귀한 자는 귀한 자의 자리가 있음이니
라.
6 내가 너에게 말하여 이르기를, 내 옆
에 온 자 예수밖에 없으며, 나의 법전
에 기록되어 말하기를, 빛나는 별과
같이 네가 내 옆에 온다 하였으니, 네
가 얼마나 귀하고 소중한 자인가를 아
는가?
7 "아버님께서 하시는 말씀을, 그 뜻을
이제야 깨달았사옵나이다."
8 내 사랑하는 아들아, 아무 말 하지 말
라.
9 아들을 아들이라 부를 수 없으며 자식
이 아비를 아비라 부를 수 없다 하면
얼마나 아프고 쓰린 일이더냐?
10 "아버님! 이제야 알았사옵나이다.
11 이제야 모두를 깨달았사옵나이다. 이
제야 모든 것을 깨달았사옵나이다."
12 눈물을 거두라.
13 다 정해진 길이니라.
14 예수가 십자가에 못 박혀 그 고통스런
한순간을 지나는 것보다도 네가 지금
까지 살아온 생활과 네가 그전까지 살
아온 그 어렵고 복잡한 인간의 속성에
서 너를 다스리는 그 고통이 더 컸으
며,
15 그 다스리고자 하는 너의 마음을 보는
나의 마음이 천 갈래 만 갈래 찢어짐
이었으니,
16 이제는 네가 알았으며 네가 갈 길을
너 스스로 깨달았으니 나의 자식이라

말한들 한 점의 부끄러움이 없음이니,
17 네가 이제 나를 아버지라 부를 수 있
음이니라.
18 내가 너를 아들이라 부를 수 있음이니
라.

1,430 번째 하나님 말씀

2001년 7월 20일 0시

1 사랑하는 선지자야!
2 "네, 여호와 하나님! 말씀하옵소서."
3 지금의 네 마음과 네 몸의 중심과 무
게가 어떠하더냐?
4 "네, 여호와 하나님!
5 제가 어릴 적 박하사탕이라는 것을 입
에 넣은 화한 그와 같은 형체로써 제
모습과 제 육신이 없사옵나이다."
6 그것이 오늘 네가 하루의 삶의 기본인
것이니라.
7 이제는 어떠한 길도 네가 갈 수 있으
며, 어떠한 어려움이나 어떠한 형태도
길이 아니면 가지 아니할 수 있는 네
마음이 굳어졌음이니,
8 지금이 바로 그 형상으로써 네가 그리
됨이니라.
9 네가 깨닫고 시행함과 같이 너의 제자
들에게도 너희들의 가슴에, 몸과 마음
에 나의 성령이 임하였으니 너희들이
다 나의 자식이요, 곧 예수와 같은 형
제이니라.
10 그러니 어떤 형제는 나의 뜻에 따라
지켜 하늘에 오르며 어떠한 형제는 버
림받아 하늘에 오르지 못한다 하면 이
는 있을 수 없는 일이니라.
11 나의 성령이 다 너희들에게 임하여 너
희들이 나의 아들이요, 딸이니,
12 먼저 간 예수의 그 뜻과 그 행함을 너
희들 또한 할 수 있음이니라.
13 그리하여 예수와 같이 행하고 실천하
여 나의 자식으로서 내 앞에 올 수 있
는 그와 같은 영광을 위하여 육신의
향락과 육신의 욕심의 그 모두를 다
버릴 수 있는 너희가 되어야 함이니라.
14 너를 따르는 제자들에게 이르라.
15 그들은 다 나의 성령이 그들의 가슴에
임하였으니, 그들이 나의 아들이요,
딸이요, 예수의 형제이니, 예수와 같
이 깨닫고 깨달아 하늘에 오르도록 하
라 이르라.
16 사람들이 말하기를, 인간이기 때문에
죄를 짓지 아니할 수 없으며 십계명을
지키고 살 수 없다 그리 말하나, 그렇
지 아니하니라.
17 너희들이 인간이고 생각할 수 있기 때
문에, 하나의 잘못을 했을 때 열의 선
행을 베풀어 그 죄를 사할 수 있으며,
18 그리하여 인간으로서 지키지 못하고
하늘에 오를 수 없고 인간이기에 죄를
안 짓고 살 수 없다고 말하는 그들은
노력하지 아니하는 자며, 믿음이 무엇
이고 나의 뜻이 무엇인지 모르는 자이
니라.
19 너의 제자들에게 이르라.
20 인간이기 때문에 죄를 짓지 아니하고
살 수 없다고 말하거든 그렇다 말하라
이르라.
21 그러나 너희가 하나의 죄를 지었을 때
열의 선행으로써 용서를 빈다면 그 죄
가 사해짐이니, 너희는 죄를 짓지 않
고 살 수 있고 십계명을 지킬 수 있으

며, 하늘에 오르는 나의 아들과 딸들
이 되어 내 앞에 올 수 있는 그와 같은
능력이 있으며, 행할 수 있는 자신이
있고 행하여 하늘에 오를 수 있음을
너의 제자들에게 가르쳐,
22 그들이 다 예수가 되어 나의 피조물
만백성을 구하도록 하라 이르라.
23 예수 한 사람이 나의 성령을 보급하여
지금까지 전해 왔듯이,
24 너희들이 다 예수가 되어 나의 아들과
딸로서 예수의 임무를 대행하는 그러
한 자들이 되도록 임하라 명하여 줄
것이며,
25 너는 너의 제자들 남녀노소 할 것 없
이 이 법전이 저희들의 생명이요, 예
수가 되어 그와 같이 살겠다 하는 자
가 있으면 네가 가슴으로 안아 나의
성령을 그들의 가슴에 부어 주며 그들
에게 성령으로써의 나의 뜻을 심어 주
는 행사를 치르도록 하라, 선지자야!

1,431 번째 하나님 말씀

2001년 7월 20일 0시 10분

1 사랑하는 선지자야!
2 "네, 여호와 하나님! 말씀하옵소서."
3 세상에 나의 피조물 만백성 중에 저희
들이 재림한 예수요, 예수의 뜻을 받
았으며 성령을 받아 이 세상에 왔다고
말하거든,
4 예수는 나의 피조물 백성이요, 나의
자식이니, 너희들이 다 예수와 같은
형제요, 예수가 될 수 있음이라 일러
주라.
5 그러나 다만 재림 예수요, 또 예수를
대신하여 만백성을 구하러 온 자들이
있다고 말하면,
6 그들의 행함이 예수와 같거든 예수가
재림한 자요, 예수를 대신하여 만백성
을 구하는 자라고 네가 인정해 주되,
7 그렇지 아니하거든 예수의 재림이라
는 예수의 이름도 붙이지 말라고 그들
에게 깨우쳐 주며,
8 그러한 자 있거든 그 행실을 보고 평
가하라 이르라.
9 너의 제자들에게 그 이치를 깨우쳐 이
르도록 하며 가르쳐야 될 것이니 그리
알라.

1,432 번째 하나님 말씀

2001년 7월 20일 05시 30분

1 사랑하는 선지자야!
2 "네, 여호와 하나님! 말씀하옵소서."
3 하늘에 오르고자 믿음이라는 것을 갖
고 10년, 20년, 한평생을 믿어 온 자가
네 앞에 왔을 때 너는 이리 말하느니
라.
4 '지금의 당신의 믿음이 정녕 하늘에
오르는 길이고 하나님의 뜻이며 하늘
에 오를 수 있는 믿음이라고 생각하면
그 길을 그대로 가시오. 다만, 그렇지
아니하다 하면 당신은 다시 한 번 생
각하여 이 법전을 읽고 한번 깨달아
보시오.' 그리 네가 전하느니라.
5 그러하니라.
6 네가 그리 말하듯이, 지금의 믿음의
형태로써는 구원받을 자가 없으며, 그
믿음이 정녕 잘못되어 흘러가고 있음
이니라.

7 수십 개, 수천 개, 수만, 수억 개의 종
파가 있고 그들 나름대로 저희들이 믿
는 것이 진정 하늘에 오르는 길이라
이르고 있으며,
8 그리하여 나의 피조물 만백성을 한 사
람이라도 더 저희들의 집단에 끌어안
고자 혈안이 되어 있음이니라.
9 그들이 나의 성서요, 나의 아들 예수
의 가르침이요, 이 모두를 동원하여
정녕 하늘에 오르는 길을 가르친다 하
나,
10 그 뜻과 그 길이 다 맞다 하여도 그들
은 욕심을 버리지 못하고 있음이니라.
11 그들의 가슴에 나의 성령으로 충만된
것이 아니요, 사악한 욕심으로써 충만
되어 있으니,
12 욕심을 버리지 못하는 이상 그들의 마
음 한 자리 어느 곳에도 나의 성령이
임할 수 없으니, 이는 나의 뜻이 아님
이니라.
13 지금 하늘에 오르는 길을 반대로 가고
있는 자들은 저희들이 옳다고 하늘을
향하여 부르짖으니 그들의 성벽을 깰
수가 없음이니,
14 어느 누구도 그들을 좋아하여 나의 뜻
에 따라 하늘에 오르는 진정한 이 길
을 보는 자 없으며 그를 인도할 자가
없음이니라.
15 잘못 가고 있는 나의 사랑하는 백성들
을 하늘에 오르는 길로 인도할 수 있
는 것은 바로 나의 성령으로써 내려보
낸 나의 법전을 읽고 깨우치는 길밖에
없음이니,
16 이 법전을 읽고 깨우치는 길밖에 없느
니라, 선지자야!
17 어떠한 사람이 설법을 전하든, 명강의
를 하든, 어떠한 사람이 능력을 보이
든, 기적을 보이든, 지금의 믿음에 종
사하고 있는 그들은 돌릴 수 없으며
돌이킬 수 없음이니라.
18 오로지 단 한 가지, 그들을 깨우칠 수
있고 그들의 후손 대대손손이 깨우칠
수 있는 것은 나의 성령이요, 나의 모
두를 태워 너를 통하여 기록한 열여섯
권의 법전만이 그들의 마음을 돌릴 수
있는 것이니, 그 외에는 아무것도 없
음이니라.
19 그러니 나의 법전을 가슴에 접했으며
나의 뜻에 따라, 나의 명에 따라 내가
원하는 그 길을 위하여 나의 피조물
만백성을 구하고자 너의 제자라 임하
여 깨우치는 그들이 얼마나 소중한가?
20 그들의 가슴 가슴속에 나의 성령이 충
만되어 있으니, 각자 너희는 나의 자
식이요, 아들딸이니 예수와 형제라 내
가 말하는 것이며,
21 그리하여 먼저 간 그 형제의 뜻에 따
라 이루고자 해야 하는 것이 너희의
대명이니,
22 오로지 예수를 생각하며 예수가 행하
고 살아온 그 흔적에 따라 너희들이
그리 살라 함이니,
23 이 뜻을 너의 제자들에게 일깨워 주도
록 하라, 선지자야!

1,433 번째 하나님 말씀

2001년 7월 21일 23시 50분

1 사랑하는 선지자야!
2 "네, 여호와 하나님! 말씀하옵소서."

3 네가 깨우쳐 가고자 함이 하늘을 치솟
아 달리고 있건만, 너를 따르는 자들
과 또한 네 주변의 형제요, 부모요, 모
두가 다 너하고는 너무나 멀고도 멀리
가 있으니,
4 육신의 인간관계의 너의 부모와 형제
와 네가 믿고 의지할 자들이 다 멀리
가 있음이니라.
5 그들이 네가 가는 길에 파장을 이루며
도움이 되지 아니한다 하면 너는 용단
을 내려야 할 때가 되었음이니라.
6 어떠한 말로써, 어떠한 이야기로써,
어떠한 뜻으로써 그를 전한다 해도 그
것을 받아들이는 마음의 자세가 되지
아니한 자, 깨달음이 오늘보다 내일에
더 높지 아니한 자는 이곳에 올 수 없
다 하였음이니,
7 네 마음에 파장을 이루는 모든 것을
다 용서할 수 없음이니라.
8 갈 길은 멀며 할 일은 태산과 같이 쌓
여 있으며, 너를 따라와 의논하며 너
를 따라와 너의 뜻을 듣고자 하는 자
수없이 많이 있으니,
9 너는 마음의 정리를 해야 할 것이니라.
10 너를 내가 거두어 간다 해도 그를 따
르지 못하는 자는 다 네 주변에 있을
만한 깨달음의 그릇이 못 됨이니라.

1,434 번째 하나님 말씀

2001년 7월 22일 07시 25분

1 사랑하는 선지자야!
2 **"네, 여호와 하나님! 말씀하옵소서."**
3 내가 너희들에게 일깨워 가르쳐 주기
를, 너희들 자신은 존재하지 아니하며
상대방만 존재한다 하였으며,
4 또 내가 너희들에게 일깨워 말하기를,
내가 너희들에게 전하는 성령의 뜻을
크다 하여 지키며 작다 하여 소홀히
하지 말라 하며, 바람결 같이 지나가
는 나의 뜻도 엄히 지키라 말하였음이
니라.
5 그리고 너희들에게 일러 말하기를, 하
나가 되라 하였음이니, 이를 너희들이
어찌 생각하는가?
6 모두들 다 등에 무거운 돌덩어리를 하
나씩 짊어지고 고행의 길을 갔다와야
되겠는가?
7 너희들이 정말 무겁고 감내하기 어려
운 돌덩어리를 멜빵 걸어 짊어지고 들
과 산을 넘어 걸어가는 형국의 그와
같은 벌을 받으며 옷이 찢어지고 살결
이 찢어지는 험난하고 어려운 길을 가
야만 하나가 될 수 있겠는가?
8 어찌해야만 하나가 될 수 있단 말인가?
9 나의 법전을 깨닫고 들음이 세상에 더
없는 영광이며, 선지자의 곁에 서 있
음이 하늘에 오르는 찬란한 빛을 봄이
며, 저희들에게 온갖 대명이 있고 저
희들이 각자 이루어야 할 일이 있거늘,
10 선지자야!
11 **"네, 여호와 하나님! 말씀하옵소서."**
12 모두를 깨닫지 못하는 자는 네 곁에
오지 말라 하였으며 나의 성전에 와
너의 설법을 듣지 말라 하였음이니,
13 **"여호와 하나님!"**
14 내가 너에게 내리는 법대로 시행하라.
15 **"알겠사옵나이다."**

1,435 번째 하나님 말씀

2001년 7월 22일

(강론을 마치며)

1 사랑하는 선지자야!
2 "네, 여호와 하나님! 말씀하옵소서."
3 내가 너의 제자들에게 일러 말하기를,
나의 아들 예수는 나의 성령으로써 태
어나 인간의 형체를 하고 살아와 인간
이 갈 수 없는 그 길을 보여 주며 살다
자기의 목숨을 바쳐 하늘에 올랐으며,
4 너희들은 육신으로써 세상에 나가 나
의 성령이 너희들 가슴에 임하였으니,
이는 곧 나의 아들 예수와 같은 형제
라 말하였으니,
5 곧 너희들이 나의 자녀이니라.
6 오늘 내가 말하기를, 나의 백성들에게
일러 오늘의 깨우침보다 내일의 깨우
침이 하나가 더 변해야 되며 모레 또
하나가 더 변하여 하늘에 오르는 그
계단을 오르는 길을 가라 일렀음이니,
이는 이와 같이 중요함이 있느니라.
7 믿음을 향하여 선하게 살며 하늘에 오
르고자 머리를 삭발하고 기도를 하며
자기 육신의 일부를 절단하는 결단을
내렸다 하여도,
8 그가 그 순간이 지나고 세월이 지나면
서 그 마음이 퇴색하고 흔들려진다 하
면 그와 같은 행동이 얼마나 우스운
형국이 되느냐?
9 자기의 머리를 깎지 아니하며 자기의
육신을 잘라 내는 그와 같은 행위를
하지 아니한다 하여도, 오늘보다 내일
에 깨달음이 있으며 모레의 실천함이
더 있다 하면 이게 바로 하늘에 오를
수 있는 계단을 오름이니 그리 알라.
10 사랑하는 선지자야!
11 "네, 여호와 하나님! 말씀하옵소서."
12 너의 제자와 나의 법전을 읽고 깨닫고
자 하는 나의 피조물 만백성에게 전하
라.
13 너희들의 가슴에 손을 얹고 지금의 앉
아 있는 위치가 어디이며, 너희들이
서 있는 위치가 어디이고 너희들이 생
활하고 있음이 무엇이며 너희들이 하
루의 삶을 과연 어찌 사는가를,
14 너희는 도대체 무엇을 생각하고 무엇
을 이루고자 하고 무엇을 얻고자 하
며, 어떻게 너희 자신이 실천하고자
하고 어떻게 너희들을 다스려 나가고
자 하는 것인가를 그들에게 하나하나
기록하여 그 답을 얻어 보도록 하라
이르라.
15 어찌 살아가야 할 것이며 어찌 행해야
할 것인지, 그 모든 만 가지의 문제의
답은 '할 수 있다!' 하는 굳은 마음, 모
든 답이 거기 들어 있음이니라.
16 오늘 나의 성전에 모여 나의 법전을
읽고 깨닫는 그 모습과 각자의 생각이
다 천태만상이나, 너희들이 하나가 되
어서 한마음 한뜻으로 이루어 이 성전
을 나가야 할 것이 있으니,
17 오늘에 너희들이 지킬 것은, '나의 목
숨을 나의 하나님께서 주셨고 나의 생
명을 하나님께서 주셨으며 내가 이 세
상에 태어날 수 있는 그 모두를 하나
님께서 주셨으니, 그분이 원한다면 나
는 아낌없이 줄 수 있다.' 하는 그 마
음을 먼저 다지며,
18 '나는 그분의 자식이며, 그분이 나에

게 생명을 준 것이기 때문에 그분이
지키라 하는 것을 지킬 수 있다.' 하는
그 한 가지로 오늘 굳건히 같이 가야
만 함이 여기 모인 모든 자들이 가져
야 할 마음이니라.
19 '우리는 할 수 있느니라. 우리는 지킬
수 있느니라. 그리고 나 자신은 할 수
있느니라.' 하는 그와 같은 굳은 마음
을 갖고 있어야 할 것이니라.
20 이제 나의 성전이라 하는 이곳이 변하
기 시작할 것이니라.
21 내가 너희들에게 일러 말하기를, 봄바
람이 불어 전하듯이 나의 법전이 세상
에 전해진다 하였으니,
22 너희들이 생각할 수 없는 형태로 나의
법전이 세상에 전해지며 이곳에 너희
들을 따르는 자들이 수없이 모여들 것
이니,
23 이는 곧 너희들이 벌레면 벌레요, 사
람이면 사람이요, 짐승이면 짐승의 그
위치에서 그 명분으로써 너희들이 행
하고 있는 그 형태가 자기 직분을 충
실히 수행하는 모습을 보여 줘야만 너
희들이 나에게 오는 구원의 길에 들어
설 수 있는 빛을 보며 내가 너희들의
머리에 손을 얹어 너희들을 구원하는
길이 될 것이니,
24 이를 명심 또 명심하여 행하도록 해야
할 것이니라.

1,436 번째 하나님 말씀

2001년 7월 23일 08시 10분

1 내 사랑하는 선지자야!
2 "네, 여호와 하나님! 말씀하옵소서."
3 나의 아들 예수가 이 세상에 태어나
나의 피조물 만백성을 구하는 행적을
이루었음이니,
4 그는 너희들의 죄를 안고 내가 하늘나
라에 불러왔다고 너희들은 말하느니
라.
5 그가 너희들의 모든 죄를 감싸 안고
죽음으로써 하늘에 올랐다 하면,
6 그가 너희들에게 마지막 남긴 유언이
있다고 말하지 않더라도 그가 마음속
으로 무엇을 바라며 무엇 때문에 죽어
가야 했던가 하는 것을 너희들은 알아
야 할 것이니라.
7 그는 말하였음이니라.
8 하늘에는 나 여호와, 너희들의 아버지
가 있으며, 나의 뜻에 따라, 성령에 따
라 천사가 되도록 살라 하는 그 가르
침을 남겼음이니라.
9 그리고 그는 그것을 가슴에 안고 너희
들을 대신하여 그 힘들고 어려운 죽음
의 길을 향하여 갔음이니라.
10 그리하여 그와 같은 나의 아들을 세상
에 또 하나 내려보낸다 하면 수십 년
의 세월이 또 흘러야 할 것이니라.
11 내가 너에게 일깨워 주었듯이, 성령으
로 태어난 예수가 인간의 형체를 가지
고 너희들을 구원했듯이,
12 이제는 너희들 인간의 그 형체 속에
나의 성령을 불어넣어 너희들을 깨닫
게 하여 나의 피조물 만백성을 구원하
고자 함이니,
13 나의 성령이 너희들의 가슴에 임함은
무엇이더냐?
14 바로 예수와 같이 살라 함이니라.
15 그와 같이 살지 아니한다 하면 너희들

에게서 성령을 거두어들임이니, 너희
들이 죽음이라 하는 것이니라.
16 성령이 너희들에게 없는 자, 성령이
너희들에게 임하여 있지 아니한 자는
죽은 자와 같은 것이니라.
17 선지자야!
18 "네, 여호와 하나님! 말씀하옵소서."
19 너를 찾아와 말하는 사람이, 이는 성
령으로써 내리는 나 여호와의 뜻이 아
니요, 인간으로서 선을 행하며 착하게
아름답게 살라 하는 것이라 하며,
20 어느 시인이 소설책 한 권을 쓴 것처
럼 그리 매도하며 그와 같이 생각하는
자들이 있음이니,
21 그들을 너희가 깨우쳐 주려 갑론을박
하지 말라.
22 내가 말하였느니라.
23 나의 선지자를 보고 깨달음이 아니라
나의 법전을 보고, 나의 성령이 담겨
있는 나의 법전을 읽고 난 다음에 말
하라 하였거늘,
24 그를 읽지도 아니한 자들이 말하기를,
'당신은 여호와 하나님으로부터 선택
된 선지자요, 만백성을 구하는 종이
아니라, 한 권의 책이라는 것을 써서
선하고 착하게 살라 하는 것을 가지고
세상 사람들에게 착하게 살라 부르짖
는 것이니,
25 이는 성령의 깨달음이요, 성령이 임함
이요, 하나님의 뜻이 아니라.' 하고 말
함이니,
26 그들 또한 나의 성령으로써 이루어진
성경이요, 나의 법전의 깊은 뜻을 모
르고 있음이니,
27 천태만상의 인간이 있듯이 너에게 천
태만상으로 공격을 하고 있음이니, 그
를 다 받아 주려 하지 말라.
28 이제는 너의 제자들과 너를 따르는 백
성들이 오늘보다 내일에 더 선행을 하
며,
29 나의 아들 예수의 삶을 머릿속에 그리
며, 너희들을 위하여 먼저 간 예수의
그 감사함과 고마움을 느끼며 살아가
는 자가 늘어날 것이니라.
30 그게 곧 나의 뜻이며, 인간의 형체에
나의 성령을 불어넣어 정녕 나의 아들
과 딸들을 구원하고자 함이니,
31 너희들이 개구리처럼 모여서 울부짖
고 기도하며 악을 쓰는 것이 성령이
임하여 구원을 받음이 아니니라.
32 나의 아들 예수가 살아옴과 같은 그
삶을 위하여,
33 먼저 간 그에 대한 감사를 느끼며, 자
식을 버려서 너희들을 구원하고자 하
는 나 여호와의 심정을 이해하며 그
뜻에 따르며,
34 나의 성령이 너희들 가슴에 임하여 나
의 법전을 보고 예수의 삶을 그대로
따라가고자 노력하는 자, 그가 바로
나의 아들딸이니, 그가 나에게 올 수
있는 구원의 길에 들어섬이며 구원을
받게 됨이니라.
35 이와 같은 이치를 나의 피조물 만백성
에게 전하여 일깨워 주라, 선지자야!

1,437 번째 하나님 말씀

2001년 7월 24일 0시 15분

1 사랑하는 선지자야!
2 "네, 여호와 하나님! 말씀하옵소서."

3 너희들이 가죽이 필요하다 하여 생명
이 끊기지 않은 동물의 껍질을 벗긴다
하면, 그 동물이 얼마나 고통스럽고
얼마나 견디기 어렵겠는가?
4 네가 나의 법전에 따라 먼저 간 나의
아들 예수의 그 길을 가고자 하며 모
두를 다 저버리고 정도라는 그 길을
가는 것은 생명이 있는 동물의 그 가
죽이 벗겨지는 고통과 같음이니,
5 그보다 더 아프고 저린 고통을 인내해
야만 하늘에 오르는 그 뜻에 따라 걸
어갈 수 있음이니라, 선지자야!
6 네가 너의 제자들에게 말하였느니라.
7 나로부터 성령을 받으며 나의 메시지
를 받으며 나로부터 은혜를 받는 나의
종 선지자 너 자신도 그 육신의 거래
요, 육신의 욕심이요, 육신에 걸려 있
는 모든 것을 버리지 못하니,
8 듣지도 못하며 보지도 못하는 너의 제
자들이 그 길을 가기 위하여 얼마나
고통스러운 길을 가며 얼마나 깨달아
야 하는 것인지 그들의 아픈 마음을
알겠노라고 네가 말하였노라.
9 선지자야,
10 네가 너의 제자들에게 그리 말하는 그
심정 못지않게 인간의 육신의 삶을
50이 넘게 살아온 너에게 그 모두의
허물을 다 벗고 다시 태어나라 하여
나의 성령에 따라 네가 다시 태어나고
자 하니,
11 네가 너의 제자들을 바라보는 것 같은
그 아픈 마음이 곧 나의 마음이니,
12 내가 너를 바라보는 마음이 그와 같으
니라, 선지자야!
13 네가 너의 제자들을 바라보며 그들이
겪어야 하는, 아름답게 살고자 하며
모두를 다 버려야 되는 두려움과 불안
한 마음과 그 길을 가기 위하여 인내
해야 되는 그들이 불쌍하며 가련하다
말하였듯이,
14 내가 너를 내려다보기가 그보다 더 가
슴이 찢어지는 아픔이 있느니라.
15 너는 나의 이 마음을 알아야 할 것이
니라.
16 네가 너의 제자들의 그 아픈 마음을
알면서도 가라 함은 정녕 나 여호와의
나라에 한 사람이라도 더 올리고 싶으
며 에덴동산의 낙원에 그들의 이름을
걸기를 바라는 것이나 너의 그 마음을
그들이 모를 것이니,
17 내가 너에게 명하는 그 모두를 네가
어찌 지켜야 되며, 어찌하여 내가 너
에게 이와 같이 어렵고 힘든 명을 내
리며 어렵고 힘든 길을 가라 하는지를
너는 모를 것이니라.
18 나 여호와만이 아느니라.
19 사랑하는 선지자야!
20 "네, 여호와 하나님! 말씀하옵소서."
21 내 사랑하는 선지자야,
22 네가 하늘에 나 여호와가 있으며, 너
희들이 죄를 짓고 와서 그 죄에 대한
대가를 받는 그 두려움과,
23 내가 존재하여 이 모두를 주관하고 통
제하는 그 속에서 네가 벗어나 살 수
없으며, 네가 살아온 그 대가를 받으
며 심판을 내리는 나 여호와를 두려워
하는 것보다,
24 나의 음성을 듣지도 못하며 나를 바라
보지도 못하며 나를 만지지도 못하는
너의 제자들이 나의 성령이요, 너의

말을 듣고 따르고자 하는 그 검은 눈
동자 하나하나를 더 무섭게 생각해야
되며,
25 너를 바라보는 제자들의 그 검은 눈방
울이 실망의 빛으로 돌아서서는 아니
됨이니, 이가 더 무서움을 알아야 될
것이니라.
26 사랑하는 선지자야!
27 "네, 여호와 하나님! 말씀하옵소서."
28 너는 너를 바라보는 너의 제자들의 그
검은 눈동자를 깨우쳐, 그들이 하늘에
오르고자 하는 그 애절한 마음의 두렵
고 무서움을 알아야 될 것이니라.
29 나는 네 마음을 아느니라.
30 네 앞에 앉아 있는 너의 제자들 또한
네가 생각하는 것과 같은 마음을 가진
자가 없다 생각하지만,
31 그 모두가 다 너의 뜻과 내가 주관하
는 그 길을 갈 것이라, 그 길을 가고
있다 생각하지 말라.
32 백 명 중에 한 명을 구원하며, 한 명이
있으면 너의 대명을 다 한 것이며, 만
명 중에 한 사람이 나오면 너의 대명
을 다 한 것이니,
33 인간이 천태만상이듯이 천태만상의
마음을 가지고 있는 그 마음이 나에게
오르는 곱고 아름다운 그 한마음이 되
지 아니하였다 하여 너는 실망하며 괴
로워하지 말라.
34 너의 제자들과 많은 나의 백성들 속에
예수와 같은 삶을 살고 나에게 오르고
자 하는 자들이 수없이 있음이니,
35 내가 그 마음을 알고 있음이니 그리
믿으면 될 것이니라.
36 하늘에 오르며 천상에 올라와 나에게
오고자 하는 그들의 애절한 그 마음에
더 무서움이 있으며, 나 여호와보다도
더 어렵고 무서움이 있음을 네가 알아
야 될 것이며,
37 그들의 검은 눈방울이 나 여호와가 너
의 가슴에 내리는 성령의 그 뜻보다도
더 무서움을, 너는 육신을 가진 나의
선지자로서 이를 깨우쳐야 할 것이니
라.
38 선지자야,
39 그들의 눈방울이 너를 보고 실망하고
좌절하는 그러한 일이 있어서는 아니
될 것이니,
40 사랑하는 선지자야, 그들이 내가 원하
는 가장 소중한 보배며, 그 눈동자를
가진 자들이 내가 원하는 가장 아끼는
나의 백성이니라.
41 그들의 무서움과 어려움을 알며, 그들
이 실망하지 아니하며 좌절하지 아니
하며, 너를 보며 실망하는 눈물을 흘
리지 않도록 하는 것이 네가 나의 선
지자로서, 나의 종으로서, 예수의 형
제로서 해야 할 일이며 가야 할 길이
니,
42 사탄의 두려움이나 나 여호와의 두려
움이나 예수의 두려움이나 너희가 죄
지은 대가에 벌 받는 그 두려움보다도
그들의 마음에 아픔을 주는 것이 더
무섭고 더 고통스러운 벌임을 너는 깨
달아 한 점의 부끄럼이 없이 그들을
인도하는 목자가 되도록 하라, 선지자
야!
43 내 너를 사랑하노라, 선지자야!

1,438 번째 하나님 말씀

2001년 7월 24일 07시 20분

1 사랑하는 선지자야!
2 "네, 여호와 하나님! 말씀하옵소서."
3 너는 나의 선지자로서, 나의 뜻을 나
의 피조물 만백성에게 전하는 진정한
나의 선지자요, 하나의 구원의 빛인
네가 너를 따르고자 하는 너의 제자들
의 그 검은 눈동자를 보면서 그 눈빛
보다 세상에 더 소중한 것이 없고 그
보다 더 귀한 것이 없으며 그보다 더
사랑스러운 것이 없는 네 마음임을 내
가 아나니,
4 너를 바라보는 너의 제자들의 그 검은
눈동자와 그들이 가지고 있는 마음이,
그들의 육신이 지금 어디에 있느냐?
5 그들이 살아온 지금의 삶은 바로 불바
다요, 지옥 속의 끓는 기름 가마 속에
있느니라.
6 그러면서 너에게 구원해 달라 손을 내
밀고 있는 그들이니,
7 사랑하는 너의 제자들의 그 검은 눈빛
과 그들의 마음이, 그들의 육신이 지
금 불바다 속에서 너에게 구원해 달라
손을 내밀고 있는 그와 같은 형국이니
라.
8 그와 같이 사랑하는 너의 제자들이 불
바다 속에서 너에게 구원해 달라, '스
승님, 구원해 주십시오!' 하며 소리 지
르고 손을 내밀고 있으나,
9 너는 그들을 구원해 줄 수 없으며 그
들의 손을 잡을 수 없음이니라.
10 사랑하는 부모가 자식이 불바다, 끓는
가마 속에서 아우성치는 것을 건져 주
지 못하고 꺼내지 못할 때, 그 가슴이
얼마나 아프겠는가?
11 내가 만든 나의 피조물 만백성이 지옥
불에서 구원해 달라 발버둥치나, 내가
구원해 줄 수 없다면 내 가슴이 얼마
나 찢어지도록 아프겠는가?
12 내 마음의 찢어지는 아픔을 너는 아는
가?
13 내가 너에게 말하여 이르기를, 나의
피조물 만백성이요, 내가 가장 사랑스
럽고 예쁜 모습으로 만든 나의 피조물
들이 육신의 백 년의 삶을 헛되이 살
며, 그 육신의 백 년의 사는 그 기간
동안에 육신의 편안함과 안락함의 그
욕심이라는 뿌리를 버리지 못하여 죽
어 나에게 와 험한 심판을 받는 그 모
습을 보기 싫고 그들이 고통스러워하
는 것을 볼 수 없어서,
14 나의 아픈 마음을 달래기 위하여 너에
게 나의 법전을 만들어 전해 나의 피
조물 만백성을 구하는 대업을 맡으라
하였느니라.
15 그리하여 네가 나의 제자요, 나의 종
이요, 나의 선지자로서 그들을 구원하
기 위하여 열여섯 권의 법전을 만들고
이 성전에서 기도를 드리나,
16 너를 바라보는 너의 제자들의 그 눈방
울을, 그 불바다 지옥에서 구원을 바
라고 구원해 달라 너에게 손을 내미는
그들을 네가 구원해 줄 수 없음이니,
이를 어찌해야 되겠는가?
17 그 검은 눈방울의 너의 제자들이 불바
다 속의 아수라장인 지옥 불에서, 끓
는 기름 가마 속에서 맨발로 가시바늘
방석을 걸어가면서 너에게 구원해 달

라 부르짖는 것을 네가 구원할 수 있
는 길은 나의 법전을 가슴에 받아 기
록한 그대로 사는 것이고, 나 여호와
가 너에게 명하는 그 메시지를 하나도
빼놓지 않고 실행하는 것이며,
18 먼저 간 예수와 같은 삶을 네가 살아
가야만 너의 사랑하는 그 제자들을 구
원할 수 있는 것이니라.
19 네가 단 하나라도 나의 뜻을 실행하지
아니하고, 단 한 가지라도 나를 속이
며 나를 기만하며 너의 육신이 편하기
위하여 어떠한 길을 선택할 때, 너는
너의 제자들을 구할 수 없으며 나의
피조물 만백성을 구할 수 없느니라.
20 나의 피조물 만백성을 구하기 위하여
내가 나의 가슴의 성령을 태워 너에게
내려보내 열여섯 권의 법전을 만들어
세상에 전하는 대업을 맡은 너는 나의
피조물 만백성을 지옥 불에서 구원하
는 것이 너의 임무이니,
21 네가 나의 피조물 만백성을 지옥 불에
서 구할 수 없다면 너는 아무런 쓸모
가 없는 자이니,
22 내가 아무리 사랑하고 아끼는 나의 선
지자요, 나의 종이요, 나의 자식이라
하여도 나는 너를 버림이니라.
23 내가 너를 버리는 그와 같은 형국에
이르기 전에 너는 너를 따르는 너의
제자들을 구원하는 불 같은 마음이 네
가슴에서 일어나야 할 것이며,
24 그 불길이 온 나의 백성들이요, 나의
아들과 딸들을 구원하는 빛이 되어야
함이니,
25 그들이 얼마나 소중한지를 네가 알아
야 할 것이니,
26 오늘부터 네가 너를 다시 한 번 돌아
다보며 네 갈 길을 가야 할 것이니라.

1,439 번째 하나님 말씀

2001년 7월 25일 05시 40분

1 내 사랑하는 선지자야!
2 "네, 여호와 하나님! 말씀하옵소서."
3 네가 보는 것과 네가 만지는 것과 네
육신이 생활하며 생각하는 것에 한 점
의 부끄러움이 없이 너 자신을 다스려
나가고자 하는 그 노력 또한 아무나
이룰 수 없음이니라.
4 그러나 사랑하는 선지자야, 여기서 너
는 또 한 번 짚고 또 생각하고 나가야
할 길이 있음이니,
5 과연 너는 비겁하지 아니하고 비굴하
지 아니하고 간교하지 아니하며, 간악
한 생각과 행동은 하지 아니하는 것인
가, 정녕 네가 천상에 오를 수 있는 원
심의 아름다움을 싹 틔우며 원심의 아
름다움에서 행동하는가 너 자신을 수
없이 두드리고 생각해 보며 너를 네
거울에 비춰 봐야 하느니라.
6 내가 말하여 이르기를, 나 여호와가
나의 피조물 만백성을 구하기 위하여
내린 이 성전에 하나의 과일을 가져오
고자 하거든, 너희 부모와 형제에게
열 개를 갖다 주고 열 번을 갔다 온 다
음에 이 성전에 한 개의 과일을 가져
오라 말하였음이니라.
7 그러나 또한 그것을 무시하며 들고 오
는 자들을 너는 더러는 모르는 체하고
받아들이는 일이 없는가를 생각해 봐
야 할 것이니라.

8 너는 그것마저도 용서를 해서는 아니
되며, 그저 있을 수 있는 일이라고 생
각하여 그대로 넘어가면 아니 됨이니
라.
9 네가 말은 그리하며 그리 행동하라 하
였으나,
10 그것을 모르는 척 어기고 한 개의 과
일을 들고 오는 자에게 너는 과연 그
를 땅바닥에 내칠 수 있는 네 마음의
준비가 되어 있고 너의 행동이 되어
있으며, 그의 손에 들려서 다시 돌려
보내는 그와 같은 행위를 하고 있고
그와 같은 마음의 자세에서 네가 움직
이고 있고 생활하며 실천하고 있는지,
11 그냥 넘어가는 일은 없는 것인지 바로
이걸 너에게 내가 말함이니라.
12 간악한 마음이요, 간교한 마음이 네
마음속에 과연 없는가 하는 것을 비추
어 보라 함이니라.
13 저희 부모에게 빵을 열 번 들고 가 바
친 자에게 이곳에 빵을 하나 사 오라
하였으니,
14 그리하지 아니하고 사 오는 빵을 너는
먹으면서 즐거워하지는 아니하는가?
15 그리고 너는 태연하게 그것을 먹으면
서 내가 너에게 명한 것을 잊고 생활
하지는 아니하는가?
16 그와 같은 것을 네가 즐기며, 먹으며,
나의 명을 잊어버리며 생각지 아니하
고 생활한다면 너는 그 음식을 평생
네 입에 대서는 아니 될 것이니라.
17 너는 이를 깊이 깨우쳐 너의 제자들에
게 이르며, 그리 행동해야 할 것이니
라.
18 너의 제자들에게 정녕 하늘에 오르며
내 사랑하는 선지자의 제자이거든, 너
를 통하여 내가 명하는 것을 철저히
지키라 이르라.
19 이를 시행하도록 하라, 선지자야!

1,440 번째 하나님 말씀

2001년 7월 26일 06시 30분

1 사랑하는 선지자야!
2 "네, 여호와 하나님! 말씀하옵소서."
3 내가 너에게 일러 말하였느니라.
4 아무것도 생각하지 말고 아무것도 계
획하지 말며,
5 묵상과 기도로써 나에게 경배를 드리
며, 나의 메시지와 나의 음성을 들어
나의 뜻에 따라 움직이는 것 외에는
생각하지 말라 하였음이니라.
6 모두는 다 내가 주관하여 너에게 이르
게 함이니,
7 너의 제자들을 바로 가르치며, 너를
따르는 나의 피조물 만백성을 가르치
며, 그들을 바로 가르치는 그것 외에
는 네가 생각해서는 아니 됨이니라.
8 네가 너의 제자들을 바로 가르치기 위
해서는 네가 세 치의 혓바닥으로 유창
한 말을 하는 것보다 몸소 실천하고
행함을 그들에게 보여 주며, 그들이
그것을 보고 배워 따르도록 함이 우선
이니,
9 그와 같은 것으로써 너의 제자들을 가
르쳐 깨우치도록 그리해야 될 것이니
라.
10 내가 너를 너무나 깊이 사랑하며, 내
가 너를 너무나 자상히 내려다보고 있
으며, 너의 작은 것과 힘들고 어려운

것을 다 내가 주관하여 이끌어 주거늘,
11 어찌하여 나 여호와를 경배하고 기도
하는 시간을 게을리 갖는가?
12 너의 제자들과 나의 백성을 이끌고 가
르치는 데 네가 말과 행동이 일치하며
마음이 하얀 눈처럼 비어 천사와 같은
너의 말과 행동만이 그들을 이끌 수
있는 길이니,
13 그들을 이끌고자 하는 네가 한 점의
부끄러움이 없다 하면 세상의 모두가
다 너의 것이며 너의 주관하에 이루어
질 수 있는 것을,
14 내가 명하며 내가 너에게 묵상으로 전
한 것 외에는 네가 아무것도 이룰 수
없다 내가 말하였거늘,
15 어찌하여 너는 나에게 묵상과 기도를
드리는 시간이 그리 점점 줄어들며,
나를 만나고자 하는 시간에 그리도 인
색한가?
16 실장은 들으라.
17 네가 아무리 무엇을 이루고자 해도 네
직분이 내가 뭐라 했더냐?
18 선지자를 감시 감독하는 자요,
19 네가 선지자를 감시 감독하는 자로서
옆에서 할 수 있는 일이 무엇이더냐?
20 네 입에서는 오로지 묵상과 기도요,
'묵상과 기도를 하십시오.' 하는 그 말
외에는 네가 할 말이 없는 것이거늘,
21 그 말만 네가 열심히 한다면 모든 것
을 다 이루거늘, 너마저도 흔들리고
게을러져 가고 있음이니,
22 사랑하는 나의 딸아, 이를 잊지 말라.
23 이것이 네가 실천하고 지켜야 할 기본
이며 근본이니라.
24 개인 기도를 하여 선지자를 피로하게
하지 말라.
25 큰 것을 위하여 묵상하고 기도하는 시
간으로 네가 선지자를 안내하고 인도
해야 될 것이며 네 입에서 그 말이 떨
어지지 말아야 할 것이거늘,
26 어찌하여 너는 작고 큰 것을 구분하지
못하며 선지자를 그리 인도하려 하는
가?
27 사랑하는 나의 선지자가 묵상과 기도
를 하지 아니하면 모든 것을 다 시행
착오를 하며 그는 비대해져 감이니라.
28 비대해지면 제 몸을 가누지 못하게 됨
이니라.
29 이를 너는 명심하여 행하도록 하라.

1,441 번째 하나님 말씀

2001년 7월 27일 08시 10분

1 사랑하는 선지자야!
2 "네, 여호와 하나님! 말씀하옵소서."
3 하늘에 오르는 길에 선행이란 시작은
있으나 끝이 없느니라, 선지자야!
4 나 여호와에게 오르는 길은 사랑과 베
풂이요, 아름다움을 실천하며 사는 것
이 근본이니, 그 아름다움과 선행과
사랑은 시작하는 것은 있으나 끝이 없
음이니라.
5 끝이 없이 변하고 베풀고 깨달음이 또
한 깊어 가야 하는 것이니,
6 네가 나 여호와에 대하여 말하기를 나
여호와가 하는 일에는 어떠한 결론도
없다 하였느니라.
7 오늘에 깨달음이 있고 내일에 또 깨달
음이 더 높으며 모레의 깨달음이 더
높은 나 여호와 하나님의 그 뜻과 행

하고자 하는 것은 끝이 없으니, 누구
라도 결론을 내리는 자는 가장 어리석
은 자라 네가 말하였느니라.
8 선지자야,
9 깨달아 행함은 끝이 없느니라. 그와
같이 끝이 없음이니라.
10 바늘구멍만 한 곳에서 시작하여 그 시
행하는 것은 이 우주를 덮을 만큼 넓
고도 긴 깨달음을 행해야 함이니라.
11 네가 오늘 하나를 지켰다 하여 그것이
하늘에 오르는 길이며, 그것이 선하고
착함의 끝이라 생각지 말라.
12 계속 변해 가야 되느니라, 그리고 전
진해 가야 되느니라.
13 험하고 험악한 길을 오르고 또 오르는
것만이 나에게 오르고 이루고자 하는
깨달음이니라.
14 그리하여 기도도 수없이 열심히 하며,
묵상도 열심히 하라 함이니라.
15 기도를 하는 것이 횟수가 정해져 있는
것이 아니며 묵상하는 것이 횟수가 정
해져 있는 것이 아니니라.
16 네가 기도하고 매달리며 나에게 무엇
인가를 듣고자 할 때, 내가 너에게 가
르침이 끝이 없듯이,
17 네가 행하고 네가 지금까지 살아왔던
잘못된 관행을, 습관과 습성을 하나씩
지워 버리며 새로운 싹을 네 가슴에
틔우는 것도 그 하나의 아름다운 새싹
이 나와서 자라는 것이 끝이 없듯이,
네가 변화되고 행하는 것이 끝이 없음
이니라.
18 끝이 없이 행해야 하고 변화되어 감이
니라.
19 네가 오늘에 아름다운 여인의 손을 만
지지 아니한다 하여 그것이 네가 다
깨달음이 아니니요,
20 더 굳어지고 더 깊어지고 그 행함이
끝이 없이 변화되어 갈 것이니,
21 중단하지 말라.
22 깨달음에서 중단하지 말라, 행함에 있
어 중단하지 말라.
23 이것으로써 하늘에 오를 수 있는 길이
라 중단하지 말라.
24 더 깨닫고 더 노력하는 것이 네가 하
늘에 오르는 길이며, 네가 나의 피조
물 만백성을 구원하는 본보기가 될 것
이니라.
25 너를 보고 나의 피조물 만백성이 따를
수 있음은 변함이 없고 끝이 없어야
되느니라.
26 그리고 너의 제자들과 너를 따르는 자
들에게 이르라.
27 똑같은 자가 어찌 가르치느냐?
28 배우는 자와 스승이 있듯이, 배우는
자보다 스승은 한 계단 위에 있음이니,
29 너희들이 인간사의 삶을 그대로 살아
가며 똑같은 인간으로서 나의 피조물
만백성을 구원할 수 있다 말하느냐?
30 욕심에 그득 차 있으며 남을 시기하며
질투하며 제가 남보다 더 낫고자 하는
그 마음을 가진 자들과 마찬가지로 너
희들 마음속에 그러한 마음을 갖고 그
들을 선도하고 이끌어 하늘에 오르게
할 수 있는 목자라 말할 수 있으며 양
떼를 모는 자라 말할 수 있느냐?
31 너희들은 인간의 세계를 벗어나야 되
며, 인간의 생각을 벗어나야 되며,
32 나의 피조물 만백성보다 너희들이 위
에 있어야만 나의 피조물 만백성을 구

할 수 있음이니라.
33 나의 소중한 이 법전을 가지고 지금
몇십억 인구를 구원하며, 그 몇십억
인구가 자식을 낳았을 때 또 몇십억
인구가 되고 또 그 후손을 낳았을 때
몇십억 인구가 되느니,
34 이 많은 피조물 만백성을 구하고자 하
는 자인 너희들과 선지자 너는 인간의
그 몇 단계 위에 있어 깨우침이 높아
야 함이니,
35 네가 똑같은 인간사의 생활을 하며 인
간사의 생각을 하며 그들을 구할 수는
없으며 그들을 인도할 수가 없음이니
라, 선지자야!
36 이를 너의 제자들에게 일러 깨우치도
록 하라.

1,442 번째 하나님 말씀

2001년 7월 27일 23시 45분

1 사랑하는 선지자야!
2 "네, 여호와 하나님! 말씀하옵소서."
3 길고도 길어 끝이 보이지 않는 길이
며, 높고도 높아 넘을 것이 보이지 아
니하며,
4 네 한평생을 다 바쳐 넘는다 하여도
넘을 수 없는 산을 네가 넘어야 하며,
5 네 남은 생명을 다 바쳐 건넌다 하여
도 건널 수 없는 그 바다를 너는 건너
고자 해야 함이니,
6 이를 어찌하여야 하겠는가?
7 나의 법전이 세상에 나가며, 만백성을
대대손손 구원하고 대대손손 몇천 년
역사가 흐른 다음에 그들이 너를 말할
수 있고 너를 지표로 삼을 수 있는 것
은,
8 네가 끝이 보이지 않는 험하고 긴 그
길을 가고 정상이 보이지 않는 산을
네 생명이 다할 때까지 넘고자 하여야
하며 네 생명이 다하도록 건너도 건널
수 없는 그 바다를 건너야만 함이니,
9 네가 오로지 앞만 보고 가다 네 생명
이 다하여 하늘에 올랐을 때, 나의 법
전을 보고 유해지며 하늘에 오르는 길
을 깨닫는 나의 피조물 만백성이 너를
우러러 말할 것이니라.
10 그 길이 아니면 아무도 너를 지표로
삼을 수가 없음이며,
11 끊이지 않는 나의 피조물 만백성 그들
에게 행하는 모습이 무엇이고 그들이
행해야 할 길이 무엇이며 그들이 어찌
살아야 할 것인가 하는 그 지표가 없
음이니라.
12 나의 열여섯 권의 법전은 나의 성령으
로써 그리 기록하여 책으로 만들어 너
희들이 읽고 듣고 배워 깨우쳐 하늘에
오를 수 있는 공부를 할 수 있음이니
라.
13 그러나 나의 사랑하는 피조물 만백성
이 누구를 지표로 삼아 하늘에 오르는
길을 행해야 할 것인가는 네가 살아가
는 앞으로의 행적에 의하여 이루어짐
이니라.
14 이를 어찌하여야 하겠는가?
15 이 대업을 이루는 길을 가야 하는 너
는 어찌하여야 하는가?
16 네 내면의 몸부림침과 네가 깨닫고 깨
달아 가는 것을 내가 알고 있음이니라.
17 그러나 그리하여야 되느니라.
18 모든 것은 끝이 없느니라.

19 끝이 없는 그 길을 가야 함이니, 너는
오로지 중단 없이 앞으로 나아감만이,
네가 변하고 변하여 가는 길만이 네가
행하여야 할 길이니라.
20 모두를 다 버리라.
21 모두를 다 지워야 하느니라.
22 오로지 너는 예수의 살아온 그 발자취
와 나로부터 선택된 천사들이 가는 길
을 가야 함이니라.
23 네가 아무리 힘들고 어려워도, 네가
죄를 짓고 죽지 않는 나의 나라에 와
바늘을 깔아 놓은 그 길을 맨발로 가
는 고통보다 더하겠느냐?
24 이를 흘러가는 이야기로 듣지 말며,
끓는 기름 가마 속에 들어가 생명이
끊어지지 않고 그 고통 속에 사는 벌
이 있다 함을 너는 말로써 생각하지
말라.
25 그게 현실로써 있음이니라, 너희들에
게.
26 이러니 네가 어느 길을 가야만 하겠는
가?
27 이를 너의 제자들에게 깨우쳐야 할 것
이니라.

1,443 번째 하나님 말씀

2001년 7월 28일 06시 25분

1 사랑하는 선지자야!
2 "네, 여호와 하나님! 말씀하옵소서."
3 내가 너에게 이르기를, 나의 성령의
뜻을 네 가슴에 전하여 나의 백성들을
구하는 법전을 세상에 내보냈으니,
4 이것이 10년이라는 세월이 지나 세상
에 모두 전해질 것이며, 그로 인하여
구할 자와 구하지 못할 자, 구원을 받
을 자와 구원을 받지 못할 자, 저희 자
신이 스스로 구분하여 하늘에 오르는
빛을 보는 자와 보지 못하는 자가 구
분된다 하였음이니라.
5 그와 같은 나의 피조물 만백성이 나의
법전을 읽고 깨우쳐 하늘에 오르고 못
오르는 그 빛을 봄은 너의 제자들과
너를 따르고자 하여 지금 모이는 자들
이 본보기요, 근본이라 말하였느니라.
6 너와 너의 제자들에게 이르노니, 너는
너의 제자들과 너를 따르고 나의 법전
을 읽고 깨우치는 자 외에 다른 자들
을 모으며 그들에게 나의 뜻을 전하려
하지 말며,
7 너는 모든 것을 다 너의 제자들과 나
의 법전을 읽고 깨우치는 자들이 이웃
의 손을 잡고 나의 성전에 모이는 것
에만 전념하라.
8 그리하기 시작하면 그것이 바로 10년
후에 나의 성령의 법전이 세상을 덮는
기적을 이루는 길이니라.
9 나의 법전을 이해하지 못하며 나의 성
령의 뜻을 이해하지 못하는 자들이 네
앞에 집단으로 모인다 하여도 그것은
백사장의 모래성과 같음이니,
10 오로지 나의 법전이요, 나의 성령을
읽고 깨달으며, 나 여호와가 존재하며
네가 나의 이 시대의 마지막 선지자라
는 것을 깨닫는 자들만이 모였을 때,
그 힘이 바로 나의 백성들이 그들을
보고 깨우쳐 하늘에 오르는 길을 얻게
됨이니라.
11 그리하여 너의 제자들과 너를 따르는
자들이 이웃의 손을 잡고 나의 성전에

오는 그 아름다운 모습을 내가 내려다
보고자 하는 것이니,
12 이와 같은 나의 뜻을 그들에게 전하여
너희 스스로 일어서는, 그리고 너희들
만을 위하여 연구하며 너희들의 모임
만을 위하여 생각하는 그와 같은 너의
제자들이 되도록 깨우쳐 줘야 할 것이
니 그리 알라.

1,444 번째 하나님 말씀

2001년 7월 28일 10시 15분

1 사랑하는 선지자야!
2 "네, 여호와 하나님! 말씀하옵소서."
3 첫 순갈에 배부른 일이 없다 말하였듯
이, 너 또한 깨우침이 처음부터 완벽
해질 수는 없음이니라.
4 다만, 네가 오늘보다 내일에 더 깨우
침이 높으며, 오늘보다 내일의 네 행
동이 더 완벽해져야 함이니, 이를 너
는 지켜야 함이니라.
5 그를 지키지 못한다면 네가 나로부터
선택된 의의가 없으며 뜻이 없으며,
너는 대명을 이룰 수 없음이니라.
6 마음에 이는 모든 것을 다 접어 두어
야 될 것이니라.
7 네 마음이 점점 굳어져 가야 하늘에
오를 것이며, 네 마음이 흔들려 가면
너는 땅으로 떨어지니 날개 부러진 독
수리와 같다 말하였음이니라.
8 하늘을 향하여 힘차게 나는 독수리가
되어야 할 것이며, 나 여호와가 있는
길을 위하여 두 주먹 불끈 쥐고 땀 흘
리며 달려 나에게 오르도록 하라.
9 달리는 자가 그 이상의 딴생각을 해서
는 지쳐 쓰러지나니,
10 그보다 열배 백배 천배 더 굳은 마음
으로 나를 향하여 두 주먹 불끈 쥐고
달리고 또 달려야 할 것이니라, 선지
자야!

1,445 번째 하나님 말씀

2001년 7월 28일 16시 55분

1 사랑하는 선지자야!
2 "네, 여호와 하나님! 말씀하옵소서."
3 내가 나의 성령으로써 내 사랑하는 나
의 백성들을 구하기 위하여 열여섯 권
의 이 법전을 세상에 내보냄이니,
4 어느 귀신이 이와 같은 일을 할 수 있
으며 어느 사탄이요, 마귀라 하는 자
들이 이리 할 수 있다 너는 생각하느
냐?
5 이는 아무도 할 수 없음이니라.
6 정녕 나 여호와의 뜻이 아니며 내가
주관하지 아니하면 이를 이룰 수 없으
며 이가 이루어질 수 없음이니라.
7 그리고 나의 백성들에게 그들의 손에
나의 법전이 전해지는 역사를 이룰 수
없음이니라.
8 아무리 너희들이 유능한 자가 듣기 좋
은 소리, 남들이 들어서 양식이 되고
교훈이 되는 말을 한다 해도, 그를 기
록하여 책으로 전하지 아니한다면 그
장소에서 들은 사람들이 다 그때뿐일
것이니,
9 이는 나의 뜻이기에, 나의 법전이기에
이리 열여섯 권의 책으로 기록하여 온
세상에 전함이니, 이는 누구도 할 수
없으며 이룰 수 없는 일이니라.

10 그러기에 너는 아무런 생각도 하지 말
며, 나의 법전을 세상에 전하는 일 이
외에는 아무것도 생각해서는 아니 됨
이니라.
11 그를 굳건히 믿고 실행해야 될 것이니
라.
12 너는 이와 같은 뜻을 깊이 깨우쳐야
될 것이니라.
13 수십억 인구 중에 네가 선택되어 나의
성령을 기록하여 세상에 내보내니 이
보다 더 소중함이 없음을 너는 알아야
할 것이며,
14 이를 너희들 생명보다 더 소중히 여기
며, 너희들이 밥 먹고 잠자는 것보다
도 더 깊은 애정과 사랑으로써 나의
법전을 온 백성에게 전하도록 그리 말
하라.
15 이제 너희들의 목소리가 터지도록 나
가서 말할 수 있는 능력을 갖추어 있
으며 대화할 수 있는 능력이 있음이니,
16 이 권이 끝나면서 너희들은 나의 법전
을 들고 나가 소리쳐 만백성에게 전하
는 전도사가 되도록 그리하라, 선지자
야!

1,446 번째 하나님 말씀

2001년 7월 29일 05시 40분

1 사랑하는 선지자야!
2 "네, 여호와 하나님! 말씀하옵소서."
3 네가 깨달아 하늘에 오르고자 나의 뜻
에 따라 변하고 변하는 것은 끝이 없
음을 네가 알 것이며,
4 너 자신이 변하는 것이 또한 그 끝을
모르며 그 방법을 모르며 그 한계를
모르느니라.
5 그리하여 하늘에 오르는 사랑을 베풀
고 선을 베풀고 나눔을 베푸는 것은
그저 묵묵히 큰 바위에 앉아 바윗돌을
가는, 그와 같이 변함없이 꾸준히 한
길만을 보며 가는 그 깨달음만이 하늘
에 오를 수 있다 하였으니,
6 나의 메시지를 들어 나의 피조물 만백
성에게 전하고자 하는 너는 네 육신
하나 다스리는 것이 얼마나 힘들며,
끝이 보이지 아니하는 그 길을 간다는
것이 인간으로서 얼마나 인내하기 어
려운 길인지 깨달았을 것이니라.
7 여기에서 너와 너의 제자들에게 깨우
쳐야 할 것이 있음이니,
8 나의 음성을 직접 듣는 네가 깨우쳐
가는 길도 끝이 보이지 아니하며 나에
게 부끄러운 길을 선택하여 가지 아니
하는 것이 얼마나 어렵고 힘든가를 아
느니,
9 지금 나의 피조물 만백성을 구한다 하
는 종교의 지도자들이 과연 너와 같이
그리 깨우쳐 가며 실행하고 있는 것인
가?
10 네가 깨우쳐 하늘에 오르는 그 시행함
이 나의 뜻에 의하여 행하는 길이라면,
11 너보다 깨우치지 못하는 자가 지도자
라 할 때 그들은 과연 지도자의 자격
이 있는가?
12 그리고 그들은 맑은 나의 세상을 볼
수 있을 것인가?
13 네가 깨달아 가는 그와 같은 길을 가
지 못하는 자는 종교 지도자라 말할
수 없으며,
14 그와 같이 깨닫지 못하며 가르치는 그

들은 나에게 오르는 길이 아니라 한낱
죄악의 무더운 사막을 걸어가는 그 길
을 인도하는 자들과 같음이니,
15 그들을 구원하는 것이 너의 대명이니,
그들을 구원할 수 있는 길이, 그들의
눈을 뜨게 할 수 있는 것이 곧 나의 법
전인 것이니라.
16 네가 지금 나의 피조물 만백성을 구하
고자 하여 나의 법전을 전함이니,
17 네가 말로써 사람들에게 전하고자 하
며 네가 교육시켜 가르친 너의 제자들
과 너를 따르는 이들이 나가서 음성으
로써 부르짖는다 하여 과연 나의 피조
물 만백성을 구할 수 있다 생각하는가?
18 어느 누구도 지금과 같은 이 굳어진
그들의 믿음의 세계를 깰 수 없음이니,
19 이 단단한 것을 깨는 것은 유한 부드
러움밖에 없느니라.
20 그리하여 깨우침의 깊이가 있으며 변
하지 않는 나의 법전이 아무나 읽을
수 있도록 부드러운 물과 같은 그 형
태로써 나의 피조물 만백성을 치고 또
치고, 그들에게 전해지고 또 전해지
고, 그들에게 읽기를 권하고 또 그들
이 그 내용을 펼쳐 보기를 권하며,
21 그와 같은 부드러움으로써 나의 피조
물 만백성에게 접근을 계속함으로 인
하여 그들을 구원하는 이 길이, 이것
이 나의 뜻이 아니고 누구의 뜻이라
말하느냐?
22 바로 그와 같은 뜻에서 나의 법전을
만들어 세상에 내보냈으니,
23 이 법전은 부드러운 물과 같아야 할
것이며, 그리고 누구나 몸에 부딪칠
때 거부감을 갖지 아니해야 될 것이며,
24 그리하여 아무나 읽고 깨우치기 쉬운
나의 법전을 만들어 나의 성령을 내려
보내 내가 법전이라 명하였으니,
25 이 뜻을 너의 제자들에게 전해야 할
것이니라.

1,447 번째 하나님 말씀

2001년 7월 29일

(강론을 마치며)

1 사랑하는 선지자야!
2 "네, 여호와 하나님! 말씀하옵소서."
3 오늘의 너희들이 이 성전을 나가면서
가슴에 새기고 가야 할 것은,
4 아무리 아름다운 꽃이라도 그보다 진
실이 더 위대하다는 그 내용보다도,
5 너희들이 어떠한 죄를 짓고 과오를 범
했다 하여도 나 여호와가 너희들을 벌
하지 아니하며 책망하지 아니함이니,
6 이는 내가 너희들을 얼마나 소중히 여
기며 사랑하는가를 너희들의 가슴속
에 새겨야 할 대목이며,
7 다만, 너희들이 나가서 행동과 행실을
잘못하여 너희를 보고 눈살을 찌푸리
며 너희들에게 돌을 던지며 너희들에
게 욕하는 자, 나의 법전을 짓밟는 자
는 내가 용서할 수 없으며 그들을 내
가 벌할 것이니라.
8 그리하면 그들이 벌을 받도록, 이웃이
요, 너희 형제요, 너희 친구들이 벌을
받도록 너희들이 행동을 했으며 그 원
인을 제공하였음이니,
9 원인을 제공한 그 죄가 열배 백배 더
무섭다는 것이 오늘 너희들이 가슴에
새기고 나가야 할 가장 중요한 대목임

을 잊지 말라.
10 사랑하는 선지자야!
11 "네, 여호와 하나님! 말씀하옵소서."
12 너의 제자들에게 이르라.
13 너희들이 입고 있는 그 옷이 다 다르
며 걸치고 있는 의상이 다 다르니라.
14 그러나 그것은 하나로 통일할 수 있음
이니, 그것이 무엇이더냐?
15 단정히 앉아 있는 모습이며, 몸매를
단정히 깨끗이 하고 앉아 있는 그 모
습은 옷이 좋고 나쁘고, 색깔이 화려
하고 화려하지 아니하고, 비싸고 싼
것에 관계없이 다 통일될 수 있음이니
라.
16 너희들이 지금 앉아 있는 자세에서 너
희들의 가슴속에 생각하고 있는 것,
너희들 머릿속에 생각하고 있는 것,
너희들이 기억하는 것, 너희들의 어렵
고 힘든 모든 생각하는 것은 다 각자
가 다름이니, 그 생각이 천태만상이니
라.
17 그러나 너희들의 그 백 가지, 만 가지
생각 중에서 오늘 너희들이 하나로 믿
어야 할 것이며 하나로 만들어야 할
것이 있으니,
18 이는 진정 나 여호와가 가슴을 태워
만백성을 구하기 위하여 세상에 내려
보낸 열여섯 권의 법전이라는 것을,
이 법전의 소중함과 이를 갖고 너희들
이 만백성을 깨우치는 데 횃불이 되어
야 되겠다는 그 생각 하나를 같이 이
루어야 할 것이며,
19 그리 행해야 너희들이 죽어 내 앞에
와 벌을 받지 아니할 것임을 너희들은
깨우치고 알아야 할 것이니라.
20 너희들은 백날을 만나며 천날을 만난
들 무엇하겠는가?
21 단 1분을 만나며 나의 법전 한 구절을
읽고서 그가 깨달아 너희들에게 손을
내민다 하면, 너희들과 수많은 시간을
같이하고 깨우치지 못하는 자보다 그
가 더 소중함이니,
22 너희들은 그와 같은 나의 백성들에게
손을 내밀어 어두운 곳에서 이끌어 내
는 일에 너희들의 소임을 다해야 될
것이니라.
23 어둡고 험난한 속에서 허덕이는 너희
형제들에게 너희들이 손을 내밀어 반
석 위에 서 하늘에 오르는 빛을 볼 수
있도록 그들을 구원하는 것이 너희들
의 대명이며 너희들이 해야 할 일이니
라.
24 그리고 지금은 너희들이 그 일을 할
때이니라.
25 그러기에 너희들이 나의 보배보다도
더 소중한 나의 백성이라 하였으며,
26 너희들의 검은 눈에서 눈물이 나오지
않도록 선지자는 나의 법전을 그대로
시행하는 자가 되어야만 모든 은혜를
내릴 수 있다 내가 말하였음이니라.
27 예수가 만백성을 위하여 기적을 이루
었으며 만백성의 병자를 고쳤으며 그
가 이룰 수 없는 것을 보인 것과, 모세
가 저희 백성을 구하기 위해서 권능을
보인 것은 다 나의 주관하에 이루어졌
으며 나의 뜻에 의하여 이루어졌음이
니,
28 선지자가 나의 법전에 따라 그를 행할
때 너희들이 생각하고 있는 그 꿈이
이루어질 수 있음이니,

29 이는 오로지 여기에 모인 나의 백성,
선지자의 제자 너희들의 마음가짐이
며,
30 너희들은 높은 산에서 땅에 기어가고
있는 벌레를 향하여 내리치는 독수리
처럼 선지자의 그 형태를 바늘구멍만
큼도 용서해서는 아니 됨이니,
31 너희들이 선지자가 잘못 가는 그 길을
용서함은 선지자가 예수의 행했던 그
기적을 이루는 길을 너희들이 이루지
못하게 함이니,
32 나의 뜻에 따라 예수가 모든 기적을
이루었듯이 나의 선지자가 예수와 같
이 되었을 때 그것이 이루어질 수 있
음이니,
33 그를 만들고 다스리는 것은 인간의 형
태를 가지고 나의 법전을 깨우친 너희
들이 해야만 할 것이니라.
34 내가 선지자에게 꿈에 그를 그리워하
며 성령으로써 가르쳐 준다 하여도,
35 그것보다 선지자가 잘못 갈 때 너희들
이 옆에서 가시나무 채로 선지자를 후
리면 그의 몸에서 피가 남이니, 그가
더 깊이 깨닫고 살아 있음을 알 것이
니라.
36 너희들은 가죽채를 든 선지자의 스승
이니, 이를 잊어서는 아니 될 것이니
라.
37 너희들이 선지자를 가죽채로 후리고
그를 가르치고자 하면, 너희들의 든
손이 하늘을 향하여 한 점의 부끄러움
이 없어야 할 것이니,
38 너희들이 나의 법전을 위하여 행함이
더 앞섰어야 할 것이니라.
39 스승이라 함은 제자보다 많은 것을 가
지고 있음이니, 너희들이 선지자의 스
승이 되고자 한다면 너희들이 선지자
보다 더 많은 깨우침을 가지고 있어야
할 것이며,
40 너희들이 평소에 나로부터 받아 가지
고 있는 모든 깨우침을 그를 위하여
그의 머릿속에 전달하는 것이 너희들
의 대명이니 그리 알아야 할 것이니라.

1,448 번째 하나님 말씀

2001년 7월 30일 07시 20분

1 사랑하는 선지자야!
2 "네, 여호와 하나님! 말씀하옵소서."
3 너는 지난날 살아온 네 인생의 과거사
에 대하여 괴로워하지 말며 그 지난날
에 대하여 마음을 얽매이지 말라.
4 내가 너에게 일러 그 모두는 다 나의
주관하에 이루어진 것이라 말하였으
니,
5 너에게 등 돌린 자, 너를 배신한 자,
너를 밀어붙인 자들이 또한 마음 편할
날이 없을 것이며, 네 마음을 아프게
한 만큼 그들 또한 거둬들임이니, 이
에 네가 마음 아파하지 말라.
6 돌이켜 생각하면 너는 인간들에게 받
은 것만큼 돌려주었음이니라.
7 너는 그들에게 명예를 주었고, 자식들
의 자리를 주었고, 여태껏 살아오면서
받은 것만큼 그들에게 주었음이니,
8 등을 돌리고 너희들 세계에서 말하는
배신이라 함을 그들이 먼저 선택하였
음이니, 너는 그 지난 과거에 가슴 아
파하지 말라.
9 다 그들은 그들의 저지른 일에 의하여

대가를 받음이니라.
10 그리고 너를 따르며 나의 법전을 공부
하는 자, 열과 성의를 다하는 자만이
은혜가 있을 것이니라.
11 속이 다르며 겉이 다르며 네 앞에 와
기만하는 자, 일어설 수 없음이니라.
12 넓고 넓은 바닷속에서 진주를 구하듯
이, 그보다 몇천 배 더 어렵게 얻어지
고 구원을 받는 것이 나의 피조물 백
성이니,
13 나의 아들 예수와 같은 삶을 살고자
하는 자 한 명이 세상에 나온다 하면,
나의 아들 예수의 이름으로 수천 년
역사가 흐르듯이 그 또한 그와 같이
그를 보고 깨닫는 나의 피조물 만백성
이 많을 것이니,
14 단 한 명이라도 내가 구원하고자 하며
그와 같은 나의 백성이 나오기를 바라
는 마음이니라.
15 네 앞에 오는 너의 제자요, 나의 법전
을 읽고 깨우치는 자 중에 모두가 진
실이며 예수의 삶과 같이 천사가 되어
살고자 하는 자는 구원을 받으며 정녕
시련에서 벗어날 것이니,
16 받고 못 받는 것은 그들에게 달렸으
며, 너의 뜻이 아니니라.
17 "여호와 하나님!
18 인간이 완벽할 수는 없다 하옵나이다.
19 그리고 깨닫고 깨우쳐 가는 만큼 그들
의 마음과 육신이 다스려지며, 그 속
에서 그들이 더 아름다워지며 더 깨우
쳐지며, 하늘에 오르는 길을 그들이
체험할 수 있는 기회를 주심이 그들로
하여금 하얀 마음이 되어 가는 기초가
될 것 같사옵나이다.
20 저의 제자들과 저를 따르는 여호와 하
나님의 백성들과 법전을 읽고 그 목소
리를 듣고자 하여 모이는 자들이 다
어렵고 힘든 육신의 고비의 어려운 길
을 가고 있사옵나이다.
21 이를, 여호와 하나님, 어찌하오리까?"
22 선지자야,
23 그 모두는 다 너로부터 이루어짐이니
라.
24 모두는 다 너로부터 이루어짐이니, 나
여호와의 뜻을 네가 헤아릴 것이며 너
스스로 깨달음을 얻도록 하라.

1,449 번째 하나님 말씀

2001년 7월 30일 09시 30분

1 사랑하는 선지자야!
2 "네, 여호와 하나님! 말씀하옵소서."
3 너의 제자들과 너를 따르는 이들에게
이를 깨우쳐 주라.
4 나의 성전에 온 자 일러 말하기를, 저
희들이 이루고자 하여 너희들이 말하
는 교회요, 성전이라 하는 것을 짓는
곳에 저희가 가지고 있는 모든 재산을
다 던졌을 때 그는 축복을 받았다 하
는 이야기를 저희들은 간증이라 하여
교묘히 그런 것을 행하고 있음이니라.
5 내가 너희들에게 일러 말하기를, '오
른손이 하는 것을 왼손이 모르도록 하
라.' 하였거늘,
6 너희들이 그와 같은 것을 한 사람이
자신의 오른손이 하는 것을 왼손이 알
게 하지 말라 하며 하나님의 뜻이라
말하는 자가, 저희들을 위하여 금화와
은화를 바쳤을 때 그 이름을 수많은

백성들 앞에서 부르고 있는 것도 내가
용서할 수 없다 말하였음이니,
7 너희들이 간증이라 하여 어떠한 사람
이 가지고 있는 모든 재산을 다 너희
들이 이르는 성전이요, 교회를 짓는
곳에 바쳤더니 그는 그 몇 배의 은혜
와 은총을 받았다 하는 그러한 더럽고
추한 말들을 나의 성전에 와서 입을
열지 말라 하며,
8 그와 같은 말을 듣는 나의 선지자의
제자요, 내 백성인 너희들은 물로 그
귀를 씻어야 할 것이니라.
9 모든 재물을 다 성전에, 너희들이 말
하는 교회라는 곳에 바쳤더니, 그를
신축하고 건축하는 곳에 바쳤더니, 비
새는 곳을 막기 위하여 그에게 바쳤더
니, 너희들이 식사하는 장소를 더 아
름답게 만들기 위한 모든 재물을 한
사람이 다 대었더니,
10 그와 같이 용기 있는 행위를 함으로
인하여 그는 몇 배의 재물을 받았다
하여 그와 같이 간증이라 하여 그것을
만백성 앞에 떠들고 있는 것은 간증이
아니라 사기극을 벌이고 있는 것이니
라.
11 결론은 무엇이더냐?
12 너희들도 있는 모든 재물을 다 나에게
바치면 그리 은혜를 받을 수 있다 하
여 그들을 충동질하며 그리 유혹하는
것이 아니고 무엇이더냐?
13 어찌하여 있는 재물을 교회를 짓는 곳
에, 교회라는 곳에 다 바침으로 몇 배
의 은혜를 받았다는 그와 같은 사람들
의 말을 간증하며 너희들은 말하는가?
14 그와 같은 행위를 나의 성전에서는 입
도 열어서는 아니 되며, 그와 같은 말
을 하는 자 있거든 너희들은 그 말을
듣는 순간에 그 귀부터 닦아야 할 것
이니라.
15 어찌하여 재물을 바치는 자만이 그 은
혜를 받았다 하느냐?
16 너희들은 이 세상의 피조물, 나의 만
백성이 위험에서 생명을 구하고 재물
을 얻고 너희들이 말하는 복권이라는
종이쪽에 의하여 하루아침에 재벌이
되는 그와 같은 행운이 있는 자가, 그
전날 너희들이 말하는 너희 성전이요,
너희 교회를 짓는 자에게 무엇을 바쳐
서 얻었더냐, 너희들의 성전에다 모든
재산을 다 바쳐서 얻었더냐?
17 너희들보다 몇 수십 배의 우연의 일치
요, 그의 마음이 선량하고 착하여 내
가 준 것이거늘,
18 그가 마음이 아프고 가슴이 아파하면
서도 있는 재물을 바쳤다 하여 덕을
입었다 하면, 이 세상 나의 피조물 수
많은 인구의 백성들이 은혜를 입는 것
은 너희들은 그럼 어찌해야 되겠느냐?
19 교회라는 것을 건축하는 데 전 재산을
다 내서 축복을 받은 자와 그대로 평
범히 살아가다 은혜요, 축복을 받아
재벌이 된 사람이 있다 하면,
20 그 비율을 비교해 볼 때, 믿지 않는 자
가 믿는 자보다 더 행복하다는 것을
너희들은 깨우쳐야 할 것이니라.
21 나의 백성들에게 내가 먹고 쓰고 살라
고 준 재물을 교회라는 것을 건축하고
신축하는 곳에, 너희들의 성전에 모두
를 다 바쳤을 때 은혜를 받았더라 하
는 그것이 간증이라 하여 나의 백성들

을 우롱하며 그리 유도하고 그리 유혹
하지 말라, 이 사악한 무리들아!
22 '오른손이 하는 것을 왼손이 모르게
하라.'고 가르치라 했거늘, 그와 같이
천분의 일, 만분의 일에 한 번씩 이루
어지는 그 사람의 선량한 마음에 대한
나의 축복을 받은 것을 가지고 너희들
은 그리 나를 팔아먹지 말라.
23 성서를 가지고 장사하는 것과 똑같으
니라.
24 그의 마음이 선량하기에 내가 준 것이
지, 그가 너희들이 교회를 짓는다는
곳에 돈을 내어 그를 건축하게 했다
해서 그에게 축복을 줌이 아니니라.
25 그와 같이 추하고 더러운 말을 나의
성전에 와서 하는 자 있거든 그 귀를
씻으라.
26 차라리 너희들은 깡통을 들고 오는 거
지가 어느 날 복권이라는 종이 한 장
을 받아 재벌이 되어 그가 이웃과 더
불어 아름답게 살았다는 이야기를 전
할 수 있는 너희들의 마음이 되어야
할 것이니,
27 그와 같은 말을 하는 자 귀를 쭈뼛 세
워서 들으라.
28 나의 법전을 읽고 공부하는 나의 제자
요, 나의 백성이요, 선지자를 따르는
그의 제자요, 나의 백성들은 재물로
무엇을 바쳐서 얻고자 하는 것을 생각
지도 말라.
29 이는 있을 수 없음이니라.
30 내가 너희들에게 내린 재물을 너희들
이 잘 관리하고 잘 쓰면 되는 것이며
아름답게 가꾸면 되는 것이니라.
31 나의 사랑하는 백성들, 나의 성전에
와 나의 선지자의 가르침을 듣는 너희
들은 무엇인가를 용감히 바쳤을 때 구
원을 받을 수 있다 하는 그러한 생각
을 1초라도 너희 마음속에 가져서는
아니 될 것이니라.
32 그 사악한 무리들이 하는 이야기를 너
희들은 듣지도 말고 생각지도 말며,
그러한 말을 하는 자 있거든 그 자리
를 떠나라.

1,450 번째 하나님 말씀

2001년 7월 30일 17시 30분

1 사랑하는 선지자야!
2 "네, 여호와 하나님! 말씀하옵소서."
3 이 세상에 아무리 소중하고 귀하고 값
진 것이 있다 해도,
4 이 세상의 창조주인 나 여호와의 성령
을 태워 그 모두를 다 너의 가슴을 통
하여 내려 너를 통하여 이 열여섯 권
의 법전을 세상에 냈으니, 이보다 더
소중하고 귀한 것이 어디 있다 말할
수 있겠느냐?
5 네가 너의 제자들에게 일러 일깨워 주
기를, '먼 거리를 달려온 마라톤 선수
가 가장 원하는 것이 무엇이냐?' 하고
네가 물었을 때, 그들은 '물'이라 말하
였느니라.
6 그러하니라.
7 갈증에 지쳐 있는 자에게 물을 주면
그는 해갈될 것이며, 그보다 또한 너
희들이 하늘에 오르고자, 나에게 오르
고자 갈구하며 기도하며 소원하는 마
음이 그 못지않음이니,
8 그와 같은 너희들의 뜻과 너희들이 가

고자 하는 것을 알기 쉽고 깨닫기 쉽
게 만들어 나의 십계명을 지키도록 할
것이며,
9 그 십계명의 뜻을 다 내가 풀어 열여
섯 권의 법전을 세상에 내보냈으니,
이보다 더 귀하고 소중한 책이 어디
있다 말할 수 있겠느냐?
10 내가 너에게 일렀느니라.
11 너희들이 말로써는 세상사를 다 깨우
쳤으며 너희보다 더 깨끗하고 아름다
운 사람이 없다 각자가 생각할 것이나,
12 식탁 위에 손을 올려놓고 제일 마지막
위의 손에 망치로 내려친다 할 때, 그
손을 제일 위에 놓고자 하는 자 없다
말하였으며, 그와 같이 실행하고자 하
는 자 없을 것이니,
13 이러고도 정녕 너희들이 희생과 봉사
로써 나에게 오르는 길을 가고 있다
말할 수 있겠느냐?
14 남들이 할 수 있고 남들이 베풀 수 있
고 남들이 줄 수 있는 선행은 누구나
다 할 수 있음이니라.
15 그것은 누구나 다 베풀 수 있음이니라.
16 이제는 너희들이 남들이 할 수 있는
그와 같은 것을 베풀며 선행을 했으며
착한 일을 했으며 하늘에 오르는 길에
임하였다 생각해서는 아니 될 것이니
라.
17 남들이 할 수 없는 일, 남들이 시행할
수 없는 일, 남들이 감히 지킬 수 없고
남들이 실천할 수 없는 어렵고 힘든
그 고비를 너희들이 몸소 실행하고 실
천함으로써 그것이 희생이요, 봉사 정
신이라 말할 수 있음이니라.
18 정녕 너희들은 가지고 있는 모두를 다
내어 어렵고 힘든 이웃에게 나누어 줄
수 있는가?
19 성서에 그리 말하느니라.
20 어떤 자가 예수를 따르고자 하나 예수
가 말하기를, '네가 가지고 있는 모든
재물을 다 남에게 나누어 주고 나를
따르라.' 했을 때, 그는 그 재물을 버
릴 수가 없어 예수를 따르지 아니하였
다 함이니라.
21 지금 너희들에게 나의 선지자를 따라
서 나의 법전을 공부하고 나를 따라
예수의 뜻을 따라 살며 만백성을 구하
는 첨병이요, 전도사가 된다 하여 너
희들이 가지고 있는 모든 재산을 다
던져 이웃들을 구하며 나의 법전과 나
의 선지자를 따라서 살아가라 하면,
22 그 길을 선택할 수 있는 자 몇 명이나
있겠는가?
23 그러고도 너희들이 구원을 받을 수 있
으며 나에게 오를 수 있는 길이 있다
생각하는가?
24 너희들이 가지고 있는 모두를 다 던져
이웃의 어려운 자에게 나누어 주며 선
지자를 따르며 나의 법전에 따라 공부
를 하며 살아가라 하면, 그 길을 선택
할 수 있는 자 있으면 있다 말하여 보
라.
25 성서에서 가진 자가 예수를 따르고자
하여 그 재물을 버리라 하니 그가 예
수를 따를 수 없다고 등 돌렸을 때, 너
희들은 그것을 보고 그냥 있는 일이며
그럴 수 있을 것이라 생각하는 자들인
것이니라.
26 그러나 너희들을 놓고 생각해 보라.
27 지금 선지자가 나의 법전을 전하며 나

의 성령으로써 만든 열여섯 권의 이
법전을 만백성을 구하기 위하여 전하
고자 하니,
28 너희들 중에 모든 재물을 다 털어 나
의 법전을 구입하여 세상에 전할 수
있는 자가 몇 명이나 있는가?
29 너희들은 예수를 따르지 않는 그를 보
고 어리석다 생각하며, 그는 예수를
따를 수 있고 구원을 받을 수 있는 기
회를 놓친 가장 어리석은 자라 말하나,
30 너희들 또한 너희들의 모두를 다 던져
나의 법전을 구매하여 세상에 전하는
일을 하지 못함이니, 그러고도 너희들
은 그를 어리석다 하겠느냐?
31 마지막 기회로써 마지막 나의 선지자
를 통하여 마지막 구원의 길에 들어서
있는 너희들이 나의 법전을 읽고 깨달
으며 선지자를 통하여 주옥같은 나의
음성을 들으면서도 너희들이 가지고
있는 재물로 나의 법전을 구입하여 온
세상에 뿌리는 용기가 없으니,
32 너희들이 얼마나 더 어리석고 어리석
은 자이며 시행할 수 없는 자인가를
알아야 될 것이니,
33 너희들은 예수를 따르고자 하였으나
그 재물을 버리고 따르지 못하는 자가
어리석고 우둔하다, 그리고 바보스럽
다 생각지 말라.
34 너희들이 그보다 더 바보스럽고 어리
석은 짓을 하고 있음이니,
35 나의 주옥같은 음성을 듣고 나의 법전
을 읽고 깨달은 너희들이 시행을 못
하니,
36 아무것도 모르는 자가 예수를 따르고
자 할 때 재물을 던지지 못하였듯이,
깨우치고 깨달았다는 너희들이 금화
와 은화에 연연함이니, 너희들이 얼마
나 어리석은 자인가를 깨우쳐 알아야
할 것이니라.
37 나의 선지자를 따르는 만백성들아!
38 너희는 이 이치를 깨달으며, 너희들이
과연 어디에 서 있고 너희들의 심성이
어디에 서 있는가를 돌이켜 봐야 할
것이니 그리 알라.

1,451 번째 하나님 말씀

2001년 7월 30일 23시 40분

1 사랑하는 선지자야!
2 "네, 여호와 하나님! 말씀하옵소서."
3 네가 살아가면서 남들 앞에 한마디씩
하는 그 이야기는 나의 성령이 임하여
그 말이 다 나의 뜻이며 내가 하는 말
이니, 너는 이를 깨닫고 있느냐?
4 네가 너의 제자들과 나의 피조물 만백
성과 갑론을박할 때, 네가 대답하고
행하는 것은 나의 뜻에 의하여 이루어
짐이니 너는 그를 깨닫고 있으나,
5 네가 평소 생각하고 행동하는 것도 나
의 성령이 네 몸 안에 임하여 있으니,
그는 네가 나를 대변해서 하는 뜻이
니, 너의 말 한마디가 얼마나 소중한
가 열 번 백 번 생각해서 말을 하라는
뜻이 여기에 있음이니라.
6 너의 제자들이나 너를 따르는 자, 믿
음이 진실하며 나를 믿으며 나에게 오
르고자 하는 그 애절한 마음을 갖고
있는 자, 그들의 아프고 쓰림을 내가
만져 줌이니,
7 모든 은혜를 받음은 그 자신의 마음에

달렸음이니라.
8 너희들이 교회라는, 너희들이 지은 성
전에 금화와 은화를 바침으로 인해서
은혜를 받으며, 너희들이 십일조요,
헌금이요, 각종 이름을 대어 팔아먹는
거기에 돈을 바친다 하여 너희들이 구
원을 받는다는 생각을 저버려야 할 것
이니라.
9 오로지 너희들이 나의 법전을 믿으며,
나 여호와가 존재함을 믿으며, 이 법
전이 나의 성령으로서, 여기에 기록된
내용대로 너희가 살아간다면 바로 반
석 위에 서 하늘에 오르는 빛을 보게
되는 크나큰 그 영광이 있으니, 그 영
광보다 더 소중한 것이 어디 있다 하
더냐?
10 너희들은 말로써만 지옥 불이요, 불바
다요, 바늘 방석이요, 끓는 기름 가마
솥이요, 짐승의 형태로 구천을 떠돌며
형용할 수 없는 너희들이 받는 그 죄
가 정녕 있는가 없는가를 의심하며 설
마 하는 마음으로 살아감이니,
11 너를 따르는 제자들에게 이르라.
12 엄연히 그는 현실로, 너희들이 죽어
왔을 때 이루어지는 것이며, 그 굴레
에서 한 치도 벗어날 수 없음이니,
13 너희들이 엎드려 눈물로써 매일 감사
의 기도를 드려도 선택된 그 은혜에
보답할 수 있는 길이 없음이니, 어찌
하여 그를 깨우치고 깨닫지 못하는가?
14 그들에게 전하라.
15 너희들이 눈물로써 매일 기도를 올리
며 너희들이 하늘에 오르는 길을 보며
나의 법전을 가슴에 안고 그를 따라
행하려 하면 너희들의 무거운 죄가 벗
어짐이니,
16 그보다 더 큰 은혜와 영광이 없음을
너의 제자와 너를 따르는 이들에게 알
려 줘야 할 것이니라, 선지자야!
17 그리하여 그들이 더 매진하고 더 전진
하여서 그들에게 달려 있는 죄를 다
털어 버리며, 앞으로 남은 삶을 나의
법전에 따라 살아,
18 하늘에 오르는 데 한 점의 부끄럼이
없이 살아 너희들이 상상할 수 없는
그 어렵고 힘든 고통의 벌을 받지 아
니하고 그 대가를 치르지 아니하며,
낙원에 너희들의 이름이 올라와 영원
히 사는 그곳에서 살아갈 수 있는 영
광을 놓치지 말라 이르라, 선지자야!
19 이는 오로지 네가 깨우침이 높으며,
네가 행함이 진실되며, 네가 깨달아
행하며 순종하고자 하는 그 뜻이 하늘
에 닿음이니,
20 내 마음 기쁘기 한량없으며, 내 행복
한 이 마음을 네가 어찌 알겠느냐?
21 그리하여 너에게 이르노니, 너의 제자
들과 너를 따르는 이에게 이르라.
22 너희들이 죽어 내 앞에 오는 것은 엄
연히 그 죄의 대가를 받음이니, 그는
상상할 수 없음이라.
23 그리하여 남은 삶을 나의 법전에 다
바쳐 그 뜻을 깊이 깨우치며 그를 향
하여 살며,
24 지옥 불에 떨어지는 우를 범하지 말고
낙원의 에덴동산에 너희들의 이름이
오르도록 그리하도록 하라, 선지자야!
25 이것이 네가 깨우치며 내 뜻을 행하고
자 하는 그 몸부림치는 너의 뜻에 따
라서, 너를 사랑하기에 너를 따르는

제자들에게 이 엄연한 사실을 다시 한
번 보여 줌이니,
26 이를 깊이 새겨 행하도록 이르라, 선
지자야!
27 그것이 급하니라, 급선무이니라.
28 그리고 시간이 없느니라, 선지자야!
29 1초 1분이 소중함이니라.
30 초에 따라서 변하는 시간마다 너희들
이 깨닫고 연구하며 나의 법전을 읽어
머릿속에 기억하여, 그를 읽고 만백성
을 이끄는 데 그가 한 점의 부끄럼이
없는 사람으로 설 때, 그는 구원을 받
음이니라, 선지자야!
31 이를 그들에게 전하라.

부 록

【하나님께서 가르쳐 주신 운동】

천재지변이 일어날 때, 동물이나 미물들은 미리 알고 대피하지만, 인간은 알지 못하고 큰 화를 당합니다. 하나님께서 인간에게 가장 높은 지혜를 주시고 완벽하게 창조해 주셨기에 동물들보다 더 잘 알 수 있지만, 욕심으로 마음이 혼탁해져서 한 치 앞을 보지 못하는 것입니다.

마찬가지로, 인간은 누구나 스스로 필요한 운동을 해서 건강을 지킬 수 있도록 하나님께서 만들어 주셨습니다. 우리의 머리에서 우리 몸에 필요한 동작을 해 달라고 끊임없이 신호를 보내지만, 인간이 혼탁하게 살아서 그 신호를 알아채지 못합니다. 그러니 자연스럽게 자기 몸이 원하는 그 신호를 따라서 운동하는 것이 하나님께서 가르쳐 주신 운동 방법입니다. 바로, 우리의 영이 육을 이끄는 운동입니다.

▶ 하나님 운동법

1. 눈을 감고, 발을 어깨너비로 벌리고 바르게 선다.
2. 몸에 힘을 풀고, 허리를 숙이면서 손과 머리를 아래로 내린다.
3. 허리를 펴고 싶을 때, 천천히 펴면서 하고 싶은 동작을 하면 운동이 시작된다. (사람마다 다르다.)
4. 멈추지 말고, 어떤 동작이든지 자기 몸의 느낌대로 계속 이어서 한다.

▶ 참고 사항

① 눈을 감은 상태로 아무 생각 하지 않고, 자기 몸의 느낌대로 움직입니다.
② 마음을 비우고, 욕심을 버리고, 지난날의 잘못을 반성하면서 몇 차례 시도하다 보면, 자기도 모르게 하고 싶은 동작이 끊임없이 생깁니다.
③ 운동 장소는 방 안이든 운동장이든 관계없으며, 걷거나 달리고 싶을 때는 눈을 떠도 됩니다.
④ 매일 40분 이상, 주 4회 이상, 3개월 이상 하면 음식 조절에 들어갑니다.
- 음식으로 생긴 병은 음식으로 치료하게 되며, 어떤 음식을 먹어야 하는지 스스로 알게 됩니다.
(자기 몸에 필요한 음식만 먹고 싶어집니다.)
⑤ 사랑하는 사람과 함께 운동하면 서로 치료해 주기도 합니다.
⑥ 운동을 하다가 몸의 어느 한 부분을 계속 손으로 자극한다면 그쪽에 이상이 있는 것이니, 의사에게 상담을 받고 적절한 치료를 받으면 됩니다.
⑦ 다이어트 및 기타 건강관리에 효과적입니다.
⑧ 꾸준히 운동하여 영이 맑아지면, 자신의 과거와 미래를 스스로 보게 됩니다.

누구나 스스로 하실 수 있습니다.

간 행 사

《새로운 성경》은:

· 새로운 성경은, 하나님께서 선량하고 선한 자를 선택하여 십계명을 암송하도록 하시고, 십계명을 암송한 다음에 음성으로써 들려주시는 말씀을 듣고 그대로 카세트테이프에 녹음해서 받아쓴 책입니다.

· 90분짜리 녹음테이프 700여 개에 달하는 말씀으로, 1999년 8월부터 2004년 7월까지 총 160권(권당 288쪽)을 완성하였으며, 그 이후에도 현재까지 계속 말씀을 내려 주고 계십니다.

· 새로운 성경은 "하늘을 두루마리 삼고 바닷물을 먹물 삼아 쓰고 써도 다 못 쓴다"는, 끝없이 방대한 하나님의 말씀이 두루마리로 직접 내려오는 것입니다. 이러한 새로운 성경은 구약과 신약을 폐하려는 것이 아니라 "인봉된 성서의 비유의 뜻"을 상세히 설명하여 완성하고자 하나님께서 직접 내려 주신 말씀입니다.

《새로운 성경》의 구성:

· 제 목: 2013년, 160권 모음집을 발간하면서, 본 도서의 제목을 "하나님! 말씀하옵소서"에서 《새로운 성경》으로 명해 주셨습니다.

· 단행본: 각 권당 288쪽(신국판) 책이 160권까지 시리즈로 출판됩니다.
(모음집은 단행본을 16권씩 묶어서, 총 10부로 구성됩니다.)

《새로운 성경》의 성경적 근거:

· 신약 성경 [요한복음] 16장 13절에 "진리의 성령이 오시면 그가 너희를 모든 진리 가운데로 인도하시리니 그가 자의로 말하지 않고, 오직 듣는 것만을 말하며" 하신 말씀처럼 하나님의 음성을 들은 것만 기록하였으며,

· "장래 일을 너희에게 알리시리라" 하신 말씀과 같이 개인, 나라, 인류의 "장래"일을 하나님께서 알려 주시는 것만 기록하여 책으로 만들었습니다.

《새로운 성경》의 기록 방법:

- 1999년 8월부터 하나님께서 저에게 들려주시는 음성을 기록하였습니다. 처음에는 제가 들은 말씀을 불러 주면 저의 아내가 기록하여, 2000년 1월 29일에 1권 초판이 세상에 나왔습니다. 2000년 4월부터는 주시는 말씀을 받아 녹음기에 기록하기 시작하였습니다.

- 녹음을 시작하면서 하나님의 말씀을 받는 데 가속도가 붙었고, 2001년 5월 3일에 1부(1~16권까지)를 인쇄하여 출판하였으며, 2004년 7월까지 총 160권 분량의 말씀을 받아 기록하였습니다.

하나님께서 저에게 주신 것은:

- 첫째, 만백성을 상대로 내려 주시는 "기도", 둘째, 수시로 내려 주시는 "묵상", 셋째, 개인의 과거, 현재, 미래를 알려 주시는 "개인 기도", 넷째, 개인의 건강을 위해서 내려 주시는 "음식 처방", 다섯째, 하나님께서 가르쳐 주신 "운동"등이 있습니다. 이 중에 첫 번째, "기도"를 책으로 편찬하였습니다. 사람의 생사, 개인의 미래에 관한 천기는 수록하지 말라 하셨습니다.

강론 안내:

- 하나님께서는 지금도 매일 저에게 새로운 하늘의 비밀의 말씀을 내려 주고 계십니다. 수시로 내려 주시는 말씀을 정리해서 제자를 육성하라는 말씀에 따라 매주 강론을 하고 있습니다. 누구나 무료로 들으실 수 있습니다. (book160.com)

《새로운 성경》을 읽는 분들에게 드리는 선물:

- 개인 기도: 개인의 과거, 현재, 미래에 관하여 말씀을 내려 주십니다.

- 음식 처방: 사람은 음식을 먹고살다가 건강을 잃으니, 음식과 운동으로 건강을 되찾는 방법을 알려 드립니다. 단, 하나님이 계심을 믿고, 십계명을 지키겠다고 진실로 서약하는 분들께 알려드립니다.

《새로운 성경》의 은혜와 기적:

- 새로운 성경 전160권은 16권씩 묶어서 총 10부의 모음집으로 구성됩니다. 모음집 한 부를 읽고 깨우치는 자에게 하나님께서 다음과 같은 기적이 있다고 하셨습니다.

· “첫째, 그가 죽어 하늘에 갔을 때 그의 죄를 묻지 아니하며, 구원을 받는 위대한 은혜가 있으며, 둘째, 그의 소원과 소망이 이루어지고, 셋째, 죽은 자(부모, 형제, 자식, 사랑하고 은혜 입은 분)의 이름으로 구입한 책을 읽고 누군가 한 사람이 깨우칠 때, 그 죽은 자가 지옥에서 천국으로 구원을 받게 되며, 넷째, 유산, 중절 수술 등으로 태어나지 못한 아이를 위하여 구입한 책을 보고 한 명이 깨우쳤을 때, 그 아이가 사람으로 다시 한 번 태어나는 은혜를 받는다.”

· “새로운 성경”을 3회 이상 정성을 다해 정독하는 자, 성서의 비밀을 알게 되고, 세상의 이치를 알게 되며, 세상을 지배하고 통제할 수 있는 지혜를 다 얻게 된다고 하셨습니다. 이 책은 만백성이 정독하고 이웃에게 전하여, 평생 가슴에 묻은 슬픔과 고통의 짐을 벗고 미래를 위한 힘찬 삶을 살아가도록 하는 책입니다.

끝으로

· 하나님께서는 흰 눈이 세상을 덮듯이 새로운 성경을 온 세상에 전하라고 하셨습니다. 《새로운 성경》을 각국어로 번역해서 온 인류에게 구원의 길을 깨우쳐 주고, 그 수익으로 가난하고 어려운 백성을 구제하여, 만백성의 영과 육을 함께 구원하는 선지자의 임무를 수행하라고 저에게 명하셨습니다.

· 하늘에서 내려 주신 말씀의 보화를 만백성에게 나누어 주는 것이 선지자의 임무라고 하셨습니다. 새로운 성경을 통해서 얻는 재물을 사용할 곳도 하나님께서 일일이 명해 주십니다. 모든 재물은 저의 자의로 쓸 수 없고, 하나님께서 명하시는 대로만 쓰여집니다.

· 어떤 명분으로든 십일조나 각종 헌금을 거두어들이지 말라 하셨으며, 국내뿐 아니라 각국에 성전과 단독 서점을 운영하며, 한국의 많은 젊은이들을 전 세계에 지도자로 내보내라고 하셨습니다.

· 우리는 세계적으로 새로운 성경을 보급하며 어려운 이들을 돕는 역사를 해 나갈 것입니다. 지금까지 비록 몇 명 안 되는 제자들과 함께 이러한 일을 역사했지만, 앞으로도 계속 하나님께서 기뻐하시는 일들을 해 나갈 것입니다. 부족한 저희에게 여러분들의 지혜와 성원을 보내 주시기를 바랍니다. 많은 분들의 참여와 도움을 간절히 기다립니다. 감사합니다.

한국어로 내려온 《새로운 성경》 단행본을 출간하며
2016년 4월 10일

발행인 **김 용 철**

한국어로 내려온

새로운 **성 경** · 2부 · 제17권

지은이 하나님 말씀
대역자 김용철

초판인쇄 1쇄 2003년 11월 18일
삼판인쇄 1쇄 2017년 4월 3일

펴낸 곳 도서출판 하야마음
등록번호 제 10-2107호 (2001년 2월 14일)
주소 서울시 노원구 덕릉로86길 5, 2층
전화번호 02) 313-1114
팩스 02) 393-5554
전자우편 book160@hanmail.net
편집위원 조나영 김미향 이석교
제작지원 민평기 양영아 민대웅 민영주 김도윤 민지영 이현종

도서상담 1600-7527
ISBN 978-89-5875-117-5 (04230)
978-89-5875-100-7 (세 트)

값 10,000원
잘못된 책은 구입하신 곳에서 바꾸어 드립니다.

※이 책은 10부로 제작되며, 각 부 16권씩 총160권으로 구성됩니다.※

1부	**2부**	3부	4부	5부	6부	7부	8부	9부	10부
1권	17권	33권	49권	65권	81권	97권	113권	129권	145권
2권	18권	34권	50권	66권	82권	98권	114권	130권	146권
3권	19권	35권	51권	67권	83권	99권	115권	131권	147권
4권	20권	36권	52권	68권	84권	100권	116권	132권	148권
5권	21권	37권	53권	69권	85권	101권	117권	133권	149권
6권	22권	38권	54권	70권	86권	102권	118권	134권	150권
7권	23권	39권	55권	71권	87권	103권	119권	135권	151권
8권	24권	40권	56권	72권	88권	104권	120권	136권	152권
9권	25권	41권	57권	73권	89권	105권	121권	137권	153권
10권	26권	42권	58권	74권	90권	106권	122권	138권	154권
11권	27권	43권	59권	75권	91권	107권	123권	139권	155권
12권	28권	44권	60권	76권	92권	108권	124권	140권	156권
13권	29권	45권	61권	77권	93권	109권	125권	141권	157권
14권	30권	46권	62권	78권	94권	110권	126권	142권	158권
15권	31권	47권	63권	79권	95권	111권	127권	143권	159권
16권	32권	48권	64권	80권	96권	112권	128권	144권	160권